소명

김행자 권사의
신앙간증

소명

초판 1쇄 발행 2017년 10월 10일

지 은 이 김행자
발 행 인 권선복
편   집 김병민
디 자 인 이세영
마 케 팅 권보송
전 자 책 천훈민
발 행 처 행복한에너지
출판등록 제315-2011-000035호
주   소 (157-010) 서울특별시 강서구 화곡로 232
전   화 0505-613-6133
팩   스 0303-0799-1560
홈페이지 www.happybook.or.kr
이 메 일 ksbdata@daum.net

값 15,000원

ISBN 979-11-86673-96-6   03230

Copyright ⓒ 김행자, 2017

행복한에너지는 독자 여러분의 아이디어와 원고 투고를 기다립니다. 책으로 만들기를 원하는 콘텐츠가 있으신 분은 이메일이나 홈페이지를 통해 간단한 기획서와 기획의도, 연락처 등을 보내주십시오. 행복한에너지의 문은 언제나 활짝 열려 있습니다.

소명

김행자 권사의
신앙간증

행복한에너지

이 이야기는 소설이나 수필이 아니다.

물론 창작이나 꾸며낸 이야기는 더더욱 아니다.

나에게는 그런 문학적 소질이나 창의적 상상력이 없다.

이 글은 1994년 10월 21일, 성수대교가 무너지던 때를 전후하여 나에게 일어났던 일들을 사실 그대로 기록한 것이다. 그러니까 22년 전부터 나에게 일어났던 일들이다.

나는 이 글을 안 쓰려고 십여 년 이상을 버텨 왔다. 소질도 없고 관심도 아닌 분야라서 쓸데없는 잡념이라 생각했다. 사실 그 시절 나는 종교가 없었다 해도 과언이 아닌 것이, 할머니나 어머니가 가끔 절에 가실 때 따라다니는 것 외에는 특별한 것이 없었다.

그러나 지금은 주께서 많은 과정을 통해 새벽기도의 한 자리를 성전에 마련해 주셨다.

주께서는 나로 하여금 그 과정들을 간증서로 쓰기를 원하셨다.

이제 주께서 나를 찾아오시기 이전의 삶은 동이 서에서 먼 것같이 모두 내 기억에서 사라져 갔다.

나는 이렇게 잊혀져 버린 기억과 세월에 감사한다.

내게는 기억을 더듬어서라도 이 글을 써야만 하는 이유가 있다. 이 글을 쓰지 않고는 비켜 갈 수 없이 조여 들어오는 보이지 않는 압박을 피할 수가 없었다.

이 글을 쓰는 것이 나의 소명임을 깨닫기까지는 참으로 오랜 시일이 걸렸다.

처음에 이 글을 써야 한다는 생각이 들었을 때 나는 번거로운 잡념이라 생각하고 그냥 지나쳐 버렸었다. 그러나 한동안 시일이 지나고 나면 다시 써야겠다는 생각이 들었고, 그래서 또 지우면 또다시 그 생각이 떠올랐다. 이렇게 생각하고 지우기를 반복하는 갈등의 세월이 십여 년은 족히 걸렸다.

그런데 어느 날, '반드시 이 글을 써야만 한다'는 생각이 불현듯 들었는데 정신이 번쩍 났다.

'아! 이것은 내 생각이 아니고 지극히 높은 곳에서부터 내게 내리시는 하나님의 권고 내지는 명령이셨구나!'

만일 이 글을 끝까지 쓰지 않는다면 나는 하나님의 명을 거부하는 것이 되고, 그분 앞에 서게 될 때 심판의 대상이 된다는 생각에 마음이 다급해지기까지 했다.

십여 년 전 그때 진작 쓸 것을!

뒤늦게 쓰려니 기억도 선명치 않고 몸도 예전 같지 않아 후회가 막급이다.

나는 어찌 이리도 둔하고 미련할까?

왜 하필이면 주님은 이토록 부족한 나로 하여금 이런 글을 쓰게 하시는지 알 수가 없었다.

하지만 끝까지 안 쓰고 버티다가는 무언가 거역의 대가를 톡톡히 치르게 될 것 같은 두려움이 앞섰다.

그리고 이후로는 더 이상 권하지 않으시고 내버려 두실 것만 같은 생각이 들었다.

하나님이 더 이상 관심을 갖지 않으시고 내버려 두시거나 오히려 그 길로 치닫게 하시는 것은 심판의 대상으로 확정 짓고 방치해 두시는 것이다. 요나처럼 물고기 배 속으로 들어가 삼일을 죽었다가 다시 살아나는 곤욕을 치르기 전에 그동안 내가 경험하고 깨달았던 사실들을 반드시 글로 옮겨 많은 사람으로 하여금 '인간이 죽은 후에는 반드시 영혼의 세계가 있음을 깨닫게 해야만 한다'는 생각이 들었다. 그리고 모든 사람이 이 세상의 삶을 끝내고 영계靈界로 들어서게 될 때 천국으로 갈 수 있도록 예비시켜야 하는데, 그러려면 반드시 십자가 보혈로써 죄 사함을 받고 영적 중생, 즉 영적으로 새로운 사람이 되어야만 한다는 사실을 가능한 한 많은 사람에게 알려야 한다는 생각이 들었다.

영적으로 새로운 사람이 되는 것이야말로 세상 끝 날에 주님을 뵈올 수 있게 흰 옷을 준비하는 것이요, 천국에 들어갈 수 있는 새로운 피조물로 거듭나는 영혼의 완성을 말하는 것이라 생각한다.

저 높은 곳 영계라 함은 천국을 말함이요, 저 깊은 음부라 함은 지옥을 말하는 것이다. 우리가 육으로 사는 이 짧은 기간이 지나면 이 두 곳 중의 어느 하나는 반드시 우리에게 주어지게 된다. 이 두 곳 외에 우리의 영혼이 존재할 곳은 그 어디에도 없다.

그렇다면 모두가 천국에 가고 싶지 지옥을 원하는 사람은 아무도 없을 것이다. 하지만 천국은 영적으로 거듭남Born Again이 있어야만 들어갈 수 있다. 이러한 사실을 온 세상 사람들에게 알려야 하는 것이 나의 소명임을 깨달았을 때 나는 더 이상 이에 대한 기록을 피할 수가 없었다. 만일 내가 이 글쓰기를 끝까지 거부한다면 천부하늘아버지의 뜻과 독생자 예수님이 당하신 십자가상의 고통을 무의미하게 낭비하는 것이거나 부인하는 부작위범이 되는 것이고 성령훼방죄를 저지르게 되는 것이라는 생각이 들었기 때문이다.

이 글은 내 삶의 회고이기도 하지만 하나님이 찾아오셔서 죄 가운데 있는 나를 건져내시는 과정들을 기록한 글로, 이를 통해 많은 사람에게, 살아 계셔서 역사하시는 하나님의 섭리를 깨닫게 하시기 위해 이 일을 나에게 맡기셨다고 믿는다.

기꺼이 책의 출간을 맡아주신 도서출판 행복에너지 권선복 대표님과 믿음의 일꾼 이세영 디자이너님에게 감사드리며 이 책을 펼치시는 모든 분들에게 무한한 하나님의 사랑과 은혜가 풍성하게 넘쳐나기를 기원한다.

2017년 청명한 가을날에

김 행 자

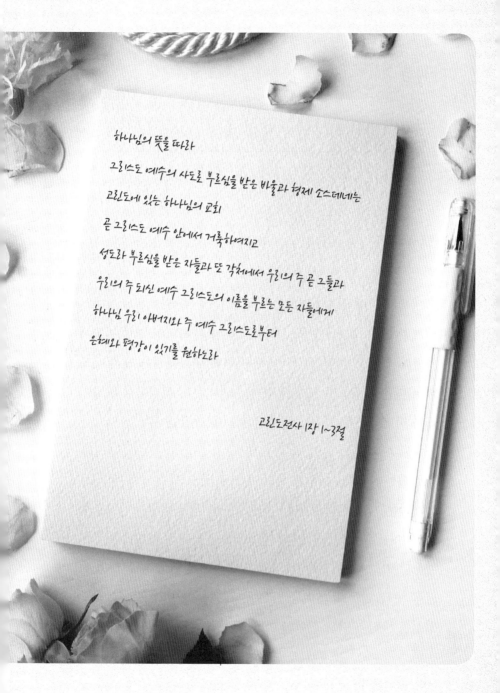

하나님의 뜻을 따라

그리스도 예수의 사도로 부르심을 받은 바울과 형제 소스데네는

고린도에 있는 하나님의 교회

곧 그리스도 예수 안에서 거룩하여지고

성도라 부르심을 받은 자들과 또 각처에서 우리의 주 곧 그들과

우리의 주 되신 예수 그리스도의 이름을 부르는 모든 자들에게

하나님 우리 아버지와 주 예수 그리스도로부터

은혜와 평강이 있기를 원하노라

고린도전서 1장 1~3절

기도문

거룩하신 하나님 아버지!

제가 아직 하나님을 몰랐을 때 저에게 다가오사 저를 어떻게 연단鍊鍛하시고 어떻게 죄악에서 구원해 내셨는지를 널리 전도하여 많은 사람으로 하여금 하나님 아버지의 섭리하심을 알리도록 하라 하시는 하나님의 뜻을 이제야 깨닫습니다.

주여! 이제라도 이렇게 저를 주께로 인도해 주시고, 작고 보잘것없는 저를 주님을 위한 작은 도구로 삼아 주심을 감사드립니다. 이제부터 그동안 제가 경험했던 일들과 주님께서 이끌어주셨던 일들을 여기에 사실대로 기록하고자 합니다. 그리고 이글을 보는 이들로 하여금 맑은 유리 속을 들여다보듯 그들의 영성을 밝히 깨닫고 절실한 마음으로 구원에 이르도록 하는 것이 주께서 제게 주신 소명이었음을 이제야 깨달았습니다.

주님! 이에 필요한 영적 지혜와 명철을 더해 주사 제게 주신 그 소명을 잘 감당함으로써 좋은 결실 이룰 수 있도록 인도하여 주소서!

태초부터 하늘에 영존하시는 하나님 아버지!

만유를 주의 말씀으로 친히 창조하시고, 당신의 뜻대로 주재하시며, 천하 모든 것을 이끌어 가고 계심을 지금에야 깨닫는 우둔함을 용납하여 주소서. 그리고 땅 위에서 하늘로 머리를 둔 모든 무리부터 삼라만상의 모든 것들, 즉 생명이 있는 것들과 생명이 없는 자연에 이르기까지 이 진리를 알고 순종하게 하소서!

알파요, 오메가이신 하나님 아버지!

아버지께서는 너무나도 크고 높고 거룩하시니 우리 인간들이 어찌 가까이 다가갈 수 있겠으며 하늘 아버지의 시작과 끝을 알 수 있겠습니까? 저희는 아버지에 대해 잘 알지 못한 채 각자의 안목과 모자라는 영성으로 신앙의 대상을 정하는 자가 많았음을 고백합니다.

주여, 저희의 무지를 불쌍히 여겨 주시고 용서하여 주소서!

하늘 아버지와 예수 그리스도의 본체를 올바르게 헤아릴 수 있도록 저희에게 각별한 영적 분별력을 허락하여 주소서. 육신을 입고 있는 저희의 생각만으로는 아버지의 존재 자체를 알기 어려우니 성령께서 저희의 영을 열어 주시고, 성부와 성자, 성령의 삼위일체이신 하나님 아버지께서 살아 역사하심을 깨닫게 하여 주소서!

바울은 로마서 1장 20절에서, '창세로 그의 보이지 아니하는 것들, 곧 그의 영원하신 능력과 신성이 그가 만드신 만물에 분명히 보여 알려졌나니 그러므로 그들이 핑계하지 못할지니라.' 하였습니다. 이는 다른 말로, '하나님이 만물을 창조하실 때 이미 인간이 그 창조물들을 통해 하나님을 알 수 있도록 섭리하셨기 때문에 하나님이 사람의 눈에 보이지 않는다 하여 몰라서 그렇다고 핑계하지 못할 것이다.'라는 말씀인 줄 압니다. 하지만 부족한 저희는 주의 성령께서 저희의 마음을 열어 주시고 하나님의 영성을 내려주셔야만 깨달을 수 있겠나이다. 더욱 원하기는 성령께서 저에게 하나님의 역사하심을 전할 수 있는 지혜와 열정을 주시고, 아버지께서 섭리하사 제가 그동안 경험하고 깨달았던 주님에 대한 간증을 감동으로 받아들이는 사람이 많이 나타나도록 인도하여 주소서!

이제 아버지께서 저에게 임하셔서 행해 주셨던 모든 과정을 온전히 글로써 나타내고자 하오니 칼날보다 더 예리한 명철과 지혜를 내리사 아버지의 영적 터치Touch를 투명하게 나타낼 수 있게 되기를 간절히 소원합니다. 오직 제게 두신 아버지의 뜻을 이 소명의 바구니에서 하나씩 풀어내어 더하지도 덜하지도 않고 사실 그대로 기록되게 이끌어 주시고 그간 주님의 은혜로 받은 복음의 분량만큼 널리 전도되게 하여 주소서! 그리하여 저의 삶이 아버지께 용납받기를 간절히 구하오며, 이제부터라도 제게 주신 소명을 이룰 수 있도록 주께서 오래 인내하시며 강권하여 이끌어 주심을 감사드립니다.

주님! 저의 영성으로는 아버지의 뜻을 나타내기에 부족하오니 저를 도구 삼으시고 친히 주관하여 주셔서 제게 주어진 분량의 열매를 풍성히 맺을 수 있도록 인도하여 주옵소서.

우리를 죄악에서 구원하여 주신 예수 그리스도의 이름으로 기도하나이다. 아멘!

차례

PART 01

눈먼 봉사의
열성과 노력

: 말 안 듣는
송아지

    나는 진작부터 큰딸이나 친구들, 또는 이웃이나 남편의 직장 동료 부인들로부터 기독교에 입문할 것을 여러 차례 제의받아 왔으나 그때마다 완강히 거부했다.

    기독교가 우리나라에 들어오기 전에 우리나라 사람들의 종교는 대부분이 불교나 유교였고 나머지는 토속신앙이나 미신에 속한 것들이었다. 불교와 유교는 우리나라에 기독교보다 약 천오백여 년 앞서 들어와 오랜 세월 동안 사람들에게 물이 아래로 흐르는 것만큼이나 당연하고 자연스럽게 받아들여지면서 이미 사람들의 생활 속에 포진되어 있었다.

    나의 친정과 시댁은 모두 다 열성적인 불교 신자들이었다. 시어머니는 감악산 천수암의 열성보살이셨고 친정어머니는 관

악산 연주암의 재정보살이셨다. 그 두 분은 딸만 넷이 있는 내가 아들 낳기를 바라는 마음으로 정성을 다해 치성을 드렸고 나에게도 불교에 더욱 열성을 기울이도록 강조하곤 하셨다. 그런 형편이다 보니 나 역시 그 흐름에 따라 자연스럽게 절에 다니게 되었고, 초하룻날과 보름날이면 항상 정성스럽게 고른 쌀로 불공을 드리고 오곤 했는데, 그런 때 기독교 전도자들이 내게 와서 그 모든 불교 행위를 부인하며 전혀 낯선 말을 전하면 앞서 드린 불공이 허사가 되어 버리는 것 같아 나는 거의 신경질적으로 "왜 남의 집에 들어와서 이렇게 시끄럽게 하느냐."며 쫓아내곤 했다.

이처럼 나는 내 주위의 어느 누구도 예수의 '예' 자도 뻥긋하지 못하게 했다. 나는 그때 이미 열성적인 불자佛者였고 때로는 단골 점집에도 다니고 있었기 때문에 어느 누구도 나의 신앙을 바꿔 볼 재간이 없었을 것이다. 나는 그때 그 시절, 서울에서 다섯 손가락 안에 드는 유명한 점집들의 단골이었는데, 이것은 자랑스러운 기억이 아니라 통회하고 부끄러웠던 회고임을 고백한다.

에스겔 36장 32절의 "이스라엘 족속아, 너의 행위로 말미암아 부끄러워하고 한탄할지어다."라고 하신 말씀에 머리가 숙여

진다. 이토록 무지한 자의 무조건적인 열성, 이것이야말로 일반적인 전도로는 되지 않고 절대자의 손길에 의해서만 구원이 이루어질 수 있는 대상이었을 것이다.

나는 우리 가정을 위해서는 최선을 다하며 살았다. 남편과 가족의 건강은 물론 아이들의 교육도 부진한 과목이 생길까 봐 염려하고, 가깝게 지내는 친구의 딸에게 부탁해서 아이들이 어려워하는 과목들을 일주일에 두어 번씩 수업을 받게 하는 등, 학급진도에 뒤떨어지지 않도록 열성적으로 돌보며 가정사에 몰두했다.

그리고 나는 누구에게도 돈을 꾸지도 않았고 꾸어 주지도 않았다. 나로 인해 내 주위 사람들에게 피해가 가지 않으면 곧 그것이 최선이라 생각했고, 내 가족 이외에 다른 사람들의 일은 내 알 바가 아니었다.

이것은 "네 이웃을 네 몸같이 사랑하라." 하신 예수님의 교훈에 정면으로 위배되는 행위였음을 조금도 몰랐다. 나는 여전히 절에 다니며 때로는 점집에서 굿도 했으니, 이처럼 나의 완악한 모습에서 하나님은 나에게 전도될 가능성이 전혀 없었음을 보셨을 것이다.

그러던 어느 날 대학생이 된 큰딸이 내게 말했다.

"엄마, 한 농부가 새끼 밴 암소를 많은 돈을 주고 샀는데 그 암소가 얼마 후 새끼를 낳아 잘 키웠어요. 그리고 일할 때가 되어 농부가 그 송아지에게 일을 시키려고 멍에를 메려고 하는데 그 다 자란 송아지가 죽어도 멍에를 메지 않으려고 이리저리 도망을 다니고 이웃집 밭이나 논으로 달아나며 일만 저지른다고 생각해 보세요. 그러면 그 주인이 그 송아지를 언제까지 그대로 내버려 두겠어요? 엄마라면 어찌하시겠어요? 결국은 되팔든지 아니면 잡아서 고기로라도 쓰지 않겠어요?"

이 말은 한동안 내 머릿속에서 떠나지 않고 은근한 부담감을 느끼게 했다.

'이 말이 나에게 무엇을 의미하는 것일까?'

나는 다 자라서도 멍에를 메지 아니하고 일만 저지르는 송아지이고, 여기의 주인은 하나님을 말하는 것이란 생각이 들었다.

'그 어린것이 무엇을 알고 내게 이런 말을 했을까?'

그 말은 분명 하나님이 딸아이의 입을 통해 내게 하신 말씀이라는 생각이 들었다. 그래서 나는 마음속으로 이제부터라도 하나님을 영접해야겠다고 생각은 했지만 자꾸 미루고, 답답한 일이 생기면 우선 점집부터 찾게 되었다.

그런 나를 하나님은 그대로 보고만 계시지 않으셨다.

그분은 내가 기도할 시간적 여유도 없이 이미 나의 연단에 불을 붙이고 몰아치기 시작하셨다.

그 후 그분이 사자를 보내셨는지 직접 오셨는지는 모르겠으나 나는 그때부터 눈에 보이지 않는 누군가에게 꽉 멱살을 붙들렸다는 느낌이 들었다. 그 압박은 나에게 너무나도 강압적이었다.

나는 큰아이가 내게 교회 다니라고 권하면 쓸데없는 생각 말고 공부나 열심히 하라고 야단을 치곤 했다. 그런데 대학에 들어가고 졸업반이 되어도 자꾸 권하니 아이의 성장한 인격을 생각해서 가끔씩 함께 교회에 나가긴 했어도 내 속에 진실한 신앙의 경건함은 없었다. 그냥 큰아이와 함께 나들이하는 정도의 가벼운 마음으로 나가 목사님의 말씀을 듣는 것에 그쳤고, 그러다가 무슨 답답한 일이라도 생기면 나의 단골 점집에 가서 묻는 것이 우선이었다.

그러나 '가랑비에 옷 젖는지 모른다'는 속담처럼 그때 가끔씩 교회에서 들었던 말씀들이 마음속에 있었던지 성수대교가 무너지고 나니 갑자기 '아! 올 것이 왔구나!' 하는 생각이 머릿속을 확 스쳐 지나갔다. 그리고 교회 나들이 때마다 들었던 말씀들이 하나하나 되살아나며 내게 다가옴을 느꼈다.

그중에도 먼저 기억나는 것은 "한 마음으로 두 주인을 섬기지 못하리니" 하는 말씀이었다.

그때 주님께서는, "그럼 내가 직접 너를 찾아가지. 너는 이미 내 백성으로 택정擇定하였지만, 네가 그렇게 하는 것은 내 뜻도 아니고 내 속성에도 맞지 아니하니 내가 이대로 너를 포기할 수는 없지!" 하시며 직접 개입해 오셨다.

: 하나님의
징계

① 첫 번째 연단 : 건강

– 자신만만했던 건강

우리 삶에서 요구되는 가장 기본적인 것은 육신의 건강이다. 건강이 나빠져서 내가 죽는다면 모든 것이 다 소용이 없기 때문이다.

"사람이 만일 온 천하를 얻고도 제 목숨을 잃으면 무엇이 유익하리요."

성경의 마태복음 16장 26절에 나오는 말씀이다.

나는 건강에 관해서만은 자신이 있었다. 병원에 가 본 기억도 별로 없고 감기도 잘 모르고 살았다. 출산하고 나서도 하루 이틀만 지나면 일상생활에 별 지장이 없었다.

그런데 한때 간염으로 사회가 온통 시끄러웠을 때 아이들과 함께 시립의료원에 가서 검사를 받은 적이 있다. 그때 아이들은 모두 다 괜찮았지만 내 앞으로는 이런 엽서가 왔다.

"귀하께서 받은 검진에 이견이 있으니 이 엽서를 받으시는 즉시 내원 바람."

인쇄물도 아니고 의사의 친필이 적힌 엽서였다. 나는 불안한 마음으로 병원에 갔다.예측한 대로 반갑지 않은 소식이 나를 기다리고 있었다. 내게 갑자기 자궁경부암이라는 징계가 내려진 것이다.

'아니, 암이라니!'

시간적으로 지체할 여유도 없이 곧바로 자궁절제수술을 받아야 했다. 이동침대에 실려 수술실로 들어갈 때 공포감이 엄습해 오면서 그리도 건강하던 내가 수술을 받아야 한다는 사실이 현실로 잘 받아들여지지 않았다.

– 정성을 다한 백팔 배

퇴원 후 얼마간의 시간이 지나자 웬만큼 몸이 회복되고 활동도 가능해졌다. 우리 가정과 아이들의 입시를 위해 그동안 소홀했던 불공을 드려야겠다는 생각에 마음이 바빠졌다. 그래서 한 알 한 알 깨끗한 쌀만을 골라 공양미를 준비하여 평소에 다니던 절에 불공을 드리러 갔다.

수술까지 받고 웬만큼 회복된 몸이라 개운한 마음으로 부처님 앞에 정성을 다하여 백팔 배를 드렸다. 백팔 배를 하는 동안 온몸은 땀으로 젖고 수술 받은 아랫배가 약간 불편하기는 했지만 정성을 다했다는 생각에 마음이 개운해졌다.

그런데 하룻밤을 지나고 나니 문제가 생겼다. 수술부위가 밖으로 솟아오르며 통증이 느껴졌다. 그래서 병원에 다시 갔더니, 절개부위가 아직 완전히 아물지도 않은 상태에서 절을 백 번이나 넘게 하다 보니 봉합한 자리가 터져 다시 수술을 받아야 한다는 것이었다. 부처님께 올린 정성의 백팔 배가 재수술로 이어질 줄은 꿈에도 생각지 못한 일이었다.

수술실이란 글자만 보아도 소름이 끼치는데 또다시 마취 → 수술 → 회복이라는 고통스러운 과정을 겪을 생각을 하니 난감하기 짝이 없었다. 나의 미련함과 무지에 분노를 느끼며 자책했지만 수술은 피할 길이 없었다. 할 수 없이 나는 재수술 날짜를 정하고 불편한 몸으로 집안 살림을 꾸려가고 있었다.

그런데 수술 전날, 주방에서 정리할 일이 있어 의자를 딛고 올라섰다가 의자의 나사가 빠지는 바람에 부엌 바닥에 떨어지면서 왼쪽 팔이 부러져 버렸다. 수술을 미룰 수도 없는 상황이라 하는 수없이 나는 팔에 깁스를 한 채 또다시 수술실로 들어갔다. 수술 후 복부의 고통도 만만치 않은데 팔마저 깁스를 해서 어깨에 메고 보니 이건 완전히 중증장애인이 되어 버렸다. 그런 불편한 몸으로 엉금엉금 기어 다니며 기초적 동작만 하며 회복하기만을 기다렸다.

두 번째 수술을 하고 서너 달이 지난 어느 날 이제 거의 회복이 되었다 싶었는데 회복은커녕 복부의 봉합한 자리의 일부가 또 달걀만큼 튀어나와 있었다.

속 부분에서 꿰맨 곳이 터져 내장의 일부가 밀려나와 있으므로 그냥 두면 안 된다고 했다. 어쩔 도리 없이 또 째고 다시 꿰매야 할 수밖에 없었다. 그래서 이번에는 서울대학병원으로 옮겨서 죽고 싶을 만큼 싫은 수술을 또 받았다. 그래도 그것이 불붙는 듯 진노하신 하나님의 징계인 줄은 아직 깨닫지 못하고 있었다.

② 두 번째 연단 : 성수대교의 붕괴

1994년 10월 21일 아침 출근시간에 성수대교가 무너지는 참사가 일어났다. 등굣길의 여고생들을 비롯하여 31명의 고귀한 생명이 희생되었다. 모든 시민이 경악하고 사회가 충격 속에 빠진 비극적인 사고였다.

마침 이때는 남편이 서울시장으로 재직하고 있을 때여서 사회적으로도 큰 사건이었지만 우리 가정도 패닉상태에 빠졌다. 남편은 곧바로 사표를 제출했고 참고인으로 검찰에까지 소환되어 밤샘 조사를 받고 돌아왔다. 무혐의 처분을 받긴 했지만, 남편과 나는 여고생들을 비롯한 희생자들의 충격에서 벗어날 수가 없었다.

이 성수대교의 붕괴사고는 나에게 본격적인 연단의 시작으로 작용하였다. 하나님께서는 이사야 47장을 통하여 남편이 직장을 잃을 것을 미리 예고해 주셨지만 이 말씀이 나를 향한 하나님의 경고인 것을 전혀 깨닫지 못했다. 그때만 해도 큰아이가 교회에 같이 나가자고 권하면 가끔 나들이 가듯 따라다닐 때여서 이 말씀이 나를 향한 하나님의 진노의 말씀이라는 것을 미처 몰랐던 것이다.

처녀 딸 바벨론이여, 내려와서 티끌에 앉으라.

딸 갈대아여, 보좌가 없어졌으니 땅에 앉으라.

네가 다시는 곱고 아리땁다 일컬음을 받지 못할 것임이라.

맷돌을 가지고 가루를 갈고 너울을 벗으며

치마를 걷어 다리를 드러내고 강을 건너라.

네 속살이 드러나고 네 부끄러운 것이 보일 것이라

내가 보복하되 사람을 아끼지 아니하리라.

우리의 구원자는 그 이름이 만군의 여호와

이스라엘의 거룩한 이시니라.

딸 갈대아여, 잠잠히 앉으라. 흑암으로 들어가라.

네가 다시는 여러 왕국의 여주인이라 일컬음을 받지 못하리라.

이사야 47장 1~5절

성수대교의 붕괴사고가 나던 그날은 마침 각료 부인들의 수요봉사가 있는 날이었다. 주한미국대사 부인을 비롯하여 각국의 대사 부인들도 참여한 가운데 삼성동의 무역센터 전시관에서 바자회가 계획되어 있었다. 각 부처마다 자기들이 선택한 물품들을 중간상인을 거치지 않고 직접 받아다가 판매한 수익

금으로 연말에 군인들에게 감사와 위문품을 전하는 행사였는데 나름대로 큰 행사였다.

우리 서울시에서는 충청북도에서 도토리 가루를 한 트럭 가득 사다 놓고 도토리묵을 만들어 판매하려고 아침 여섯 시부터 요원들이 공관에 모여 준비 작업에 열중하고 있었다.

그런데 일곱 시 반경에 공관담당 비서인 차 군이 거실에 들어오며 뜬금없이 이해가 안 되는 말을 했다.

"사모님, 성수대교가 펑크가 났대요!"

"펑크? 성수대교에 펑크가 나다니 그게 무슨 소리야? 자동차

바퀴도 아니고 다리에 무슨 펑크가 나? 시청에 보고하지 왜 나한테 그래, 바빠 죽겠는데!"

그러고는 다시 하던 일을 계속하다가 그래도 무슨 일인지 마음에 걸려 텔레비전을 켰다. 그런데 이건 펑크가 아니라 다리의 중간 부분이 칼로 자른 듯이 양쪽으로 끊어져 강바닥에 내려앉은 것이 아닌가! 더욱 기가 막힌 것은 그 사고로 인해 등교하던 무학여고 학생들을 비롯해 삼십여 명이나 목숨을 잃었다는 비보가 흘러나오고 있었다.

그때 사고 현장에 나아가 참담한 표정으로 다리 밑을 내려다보고 서 있는 남편의 모습이 텔레비전 카메라에 비치고 있었다. 나는 다리에서 힘이 빠지며 마룻바닥에 펄썩 주저앉아 버렸다. 현기증이 느껴지면서 가슴이 마구 뛰고 구토가 났다. 바자회 준비가 문제가 아니었다.

그 순간 내 머릿속을 강하게 치고 나가는 생각이 있었다.

'드디어 올 것이 왔구나. 저것은 내게 내리신 벌이야!'

하나님을 멀리하고 우상을 쫓아다닌 나에게 내리신 벌이라는 생각이 강하게 들었다. 언젠가는 내게 무슨 일이 벌어질 것 같은 불길한 예감이 항상 들었지만 이렇게 엄청난 일이 닥칠 줄은 몰랐다. 죽는 것이 두렵지 않은 사람이 어디 있으랴만, 우상을 쫓아다닌 벌이라면 받아도 내가 받았어야 하지 않았을까!

"내가 보복하되 사람을 아끼지 아니하리라.이사야 47장 3절" 하
신 말씀이 바로 저것이었구나!

나에게 보복하시는데 어찌하여 저렇게 많은 학생이 희생되
어야 하는 것일까? 나에게 엄청난 보복을 가하시려는데 내가
죽고 나면 보복할 대상이 없어지기 때문이실까?

나는 정말 가슴이 떨리고 두려웠다. 하늘을 향해 얼굴을 들
수가 없었고 땅을 향해 누구에게도 위로를 받을 수가 없었다.
모든 것이 나를 떠났고 우리를 비웃고 있었다. 나는 비서실에
짐차를 보내 달라고 부탁해서 혜화동 공관에 있던 우리 짐을
모두 차에 실어 놓고 남편에게 전화를 걸었다.

"우리 이제 시장 그만둡시다. 저 지금 공관의 짐을 모두 싣고
우리 집으로 갑니다."

내 전화에 남편은 "알았다."고만 대답했다.

비서실에서는 짐을 챙기는 나에게, 아직 상황을 모르는데 왜
이렇게 서두르느냐며 말렸다.

하지만 나는 대꾸도 않은 채 짐을 실은 차에 올라타고 공관

을 떠나 아파트로 돌아왔다. 와 보니 각 언론사 기자들이 우리 아파트 입구에 몰려 있고 동네가 온통 소란스러웠다.

며칠 밤을 뜬눈으로 새웠더니 눈이 따가워서 견딜 수가 없었다. 하지만 이미 벌어진 일들을 인간의 힘으로 어찌할 수가 없었다. 이것은 만유를 창조하신 하나님의 전권에 속하는 일이라는 생각이 들었다. 그동안 우상 신앙에 빠져 있던 나에게 대한 하나님의 진노의 폭발이라고 생각되었다. 그리고 앞서 미리 경고해 주셨던 이사야 47장 1~5절의 말씀이 다시 마음속에 들려왔다.

"이제 네 보좌가 없어졌으니 너는 땅바닥에 앉으라. 네가 다시는 서울시장 부인으로서의 우아한 대접을 받지 못할 것이며 이제 누구도 너를 귀하게 대하지 아니하리라. 너는 땅에 내려앉아 맷돌을 가져다가 네 손수 맷돌이나 갈아라.

다리가 무너지며 네 보좌가 없어졌으며 네가 면박을 얼굴에 가리고 체면을 지킬 처지가 못 되니 면박을 없이 하고 네 치마를 걷어 네 정강이를 드러내고 네 스스로 강을 건너라.

그리고 네가 맷돌을 힘겹게 돌리느라고 너의 속살이 드러나고 너의 부끄러운 것이 보여 네가 수치를 당하리라. 내가 네게 보복하되 다시는 회복되지 못하게 사람을 아끼지 아니하리라.

이스라엘의 거룩하신 자 만유의 주인 되시는 절대전능자의 말이니라. 그러니 딸아, 잠잠히 앉아 흑암으로 들어가라. 네가 다시는 여러 왕국의 여주인이라 일컬음을 받지 못하리라."

아무리 생각하고 묵상을 해봐도 하나님께서 성수대교의 붕괴를 통해 내 신앙에 대해 보복하고 징계하셨음이 틀림없다. 하나님은 나를 자기 백성으로 택하셨는데 나는 토속신앙이나 미신 쪽으로 흘러 하나님을 실망시켜 드렸으니 더 이상 인내할 수 없으셔서 나를 치신 것이다.

"내가 보복하되 사람을 아끼지 아니하리라." 하신 이 말씀대로 학생들이 그렇게 많이 희생되었고, 내가 다시는 회복되지 못하도록 하시겠다는 말씀대로 행하셨던 것이다.

그분은 나를 향해서는 이렇게 진노를 폭발하셨고, 세상을 향해서는 당신의 권능을 보이신 것이라 생각되었다.

하나님께서는 이렇게 나에 대해 두 번째 연단을 시작하셨다.

나일강 재앙을 내려도 듣지 않는 애굽왕 바로를 징계하시듯이 세 번씩이나 배를 가르는 징계를 내려도 변할 줄 모르는 완악한 나를 보시고 그보다 더한 징벌을 내리셨던 것이다.

"이제 네게 남은 것은 아무것도 없으니 잠잠히 땅에 내려앉아 어둡고 긴 연단으로 들어가라. 네가 다시는 여러 왕국의 주모로서 대우를 받지 못하리라."는 말씀으로 연단을 예고하셨다.

그동안 나의 완악한 거부에도 기회만 있으면 큰딸의 끈질긴 권유는 계속되었고, 마지못해 가끔 교회에 따라가서 들었던 말씀들이 성수대교의 붕괴를 기회로 기억 속에 되살아나는 것이었다. 하나님께서, '말로 해서는 듣지 아니하니 네가 혼이 나 봐야 알겠구나!' 하시는 것으로 받아들여졌다. 이상하리만큼 자연스럽게, '내가 하나님의 말씀을 안 들은 벌이구나.' 하는 생각이 확실하게 들었다.

그 후로는 나도 모르게 내 신앙이 점차 바뀌어 가고 있었다. 하나님은 회개하고 돌아오는 자를 기뻐하며 받아 주신다고 하셨다. 성경에 "내 이름으로 일컫는 내 백성이 그들의 악한 길에서 떠나 스스로 낮추고 기도하여 내 얼굴을 찾으면 내가 하늘에서 듣고 그들의 죄를 사하고 그들의 땅을 고칠지라." 하셨다.

나는 하나님께 회개했다.

"하나님, 제가 몰라서 그랬습니다. 저를 용서해 주십시오."

그러나 하나님의 연단을 면하기에는 이미 때가 늦은 것이다.

사람이 직장을 잃는 것은 어려워도 있을 수 있는 일이지만, 여고생들을 비롯한 희생자들에 대한 생각은 시간이 지나도 잊을 수가 없었다. 밤마다 잠을 이루지 못하고 불면증에 시달렸다. 정말로 괴로운 것은 수면제를 먹어도 며칠째 잠이 오지 않는 것이었다. 생각다 못해 교회 목사님을 찾아가서 희생자들의 영혼을 위로할 길이 없는가 물었더니, "사후死後의 일은 우리의 소관이 아니니 원하는 것을 성령께 구하고 기도나 하라."는 답변만 들었다.

나는 그 후부터 아무것도 모른 채, 보이지 않는 그 누구에겐가 단 한 번의 이의나 저항도 할 수 없이 몰리기 시작했다. 눈을 감고 묵상을 하거나 잠을 자려고 하면 누군가가 나의 멱살을 잡고 끌어다가 물풀들이 일렁거리는 깊은 물속에다 던져 넣는 것 같은 괴로움에 빠져들었다.
나는 그곳에서 빠져나오기 위해, 흐느적거리는 물풀들을 붙잡으려 안간힘을 썼다. 양손으로 무엇이라도 붙잡으려고 했으나 그 물풀들은 마치 미역처럼 너무나도 미끄러워서 잡히지도 않았고, 그 물풀 잎의 양쪽이 심히 날카로워서 손을 베이고 피

가 나는 환상에 시달렸다. 출렁거리는 물결에 내 얼굴이 잠기
면 기도氣道가 막혔다가 물결 위로 다시 떠오르면 숨쉬기를 반
복하는 고통의 시간들이 계속되었다.

이러한 눈에 보이지 않는 환상의 엄습이 싫어서 눈을 감으면
가위에 눌렸다. 그러다가 일어나서 심호흡을 하며 다시 잠을
청하여도 이러한 환상은 없어지지 않고 계속 내 마음속에서 사
라졌다가 다시 나타나기를 반복했다.

그러한 환각들로 인해 나는 밤이 오는 것이 두려웠다.

하나님은 "너 같은 것 하나쯤은 내게 아주 없어도 돼!" 하시
며 목이 부러지거나 팔다리가 꺾이거나 상관없이 나의 더러운
우상 신앙을 세탁기에 처넣고 강하게 돌리시며 씻어내시는 것
같은 느낌이 들었다.

처음에는 이런 것들이 나의 영적 느낌뿐이었는데 갑자기 현실로 나타나기 시작했다. 온 집안이 그분이 끌어넣은 깊고도 어두운 터널 속에서 온통 수라장이 되고 말았다.

어디서부터 무엇이 잘못된 것인지를 분간도 할 수 없이 가정이 엄청난 소용돌이 속에 휘말리며 침몰해 들어가는 배와 같았다.

그 중에도 더욱 황당했던 것은 이 고난이 끝이 아니고 이제부터 연단의 시작이라는 느낌인 것이었다.

③ 세 번째 연단 : 영적 어리석음이 만든 경제적 고난

남편은 천직으로 알고 살아오던 공직에서 물러났고 가계家計 수입의 통로가 완전히 막혀 있는데 신용금고에 매월 400만 원씩 이자를 내야 하는 상황이 벌어졌다.

두 달이면 800만 원, 석 달이면 1,200만 원이 되어 눈덩이처럼 커 가는데 내게서 팔 수 있는 것은 모두 다 팔아도 감당할 길이 없었다. 더욱 난감한 것은 남편이 이러한 사실을 모르고 있다는 것이었다. 하루하루 지나는 것이 불안하고 괴로워서 지옥이 따로 없었다.

우리 부부는 아들 하나 없이 딸만 넷을 둔 터라 항상 노후에 누구를 의지하고 살까 하는 불안한 마음이 있었다. 그러던 중에 가까이 지내던 한 분이 내게 말하기를 주유소를 경영할 좋은 자리가 있다면서 함께 해보자는 것이었다.

확실한 생활보장이 될 수 있는 몫이 좋은 곳이라며 모든 일은 자기가 도맡아 할 터이니 자금만 보태라는 것이었다. 지금 가진 돈이 없다 하였더니 제2금융권에서는 대부받기 쉬우니 그 자금을 쓰면 된다고 했다. 다만 시설 공사를 하는 동안은 이자를 부담해야 하지만 영업이 시작되면 이자는 물론 원금도 쉽게 갚아 나갈 수 있다는 설명이었다.

세상물정을 모르고 살아온 나로서는 그 말이 솔깃했다. 그는 그 사업이 너무 좋지만 혼자 시작하기에는 좀 벅차기 때문에 특혜를 드리는 것이라고 했다.

어느 날 저녁에 나는 퇴근한 남편에게, "여보! 상의 좀 할 것이 있어요." 하고 말을 건넸다. 그런데 잔뜩 쌓여 있는 서류를 보던 남편은, "일 좀 하자, 복잡한 것들이 많은데 당신까지 보태지 좀 말라."는 반응을 보였다.

나는 남편에게 더 이상 이야기도 꺼내지 못하고 그 방을 나와 몇 날을 고민하다가, 노후를 위하는 일이니 나중에 칭찬받을 수도 있을 것이란 생각에서 일을 진행시켰다.

그런데 일은 예상과 달리 지지부진 오래 끌었고, 높은 이자로 대부받은 돈은 돈대로 들어갔다. 우여곡절 끝에 주유소는 문을 열었지만 왕복 이차선 도로를 오가는 차는 한산했고 판매 수입으로는 인건비도 충당하기 어려웠다.
'아! 아니었구나!' 하고 알아차렸을 때는 이미 늦어 버렸다.
원금상환은 고사하고 월 400만 원씩의 이자를 감당할 능력도 없는 상태였다. 탐욕과 무지와 안이한 생각이 올무가 되어 숨통을 조여 들어오고 있었다.

하나님을 의지하지 않고 짧은 생각과 욕심으로만 일을 도모하려고 했던 나에게 내려진 또 하나의 무서운 형벌이었다. 타오르는 불길 속에서 꼼짝 없이 고통 받는 내 입장은 지옥 바로 그것이었다.
남에게 도움을 청할 수도 없고 남을 원망할 수도 없었다. 나는 하나님의 단단한 올무에 걸려든 한 마리 산짐승일 뿐이었다.

보라 불을 피우고 햇불을 둘러 띤 자여
너희가 다 너희의 불꽃 가운데로 들어가며

너희의 피운 횃불 가운데로 걸어갈지어다

너희가 내 손에서 얻을 것이 이것이라

너희가 고통이 있는 곳에 누우리라

이사야 50:11

이 말씀을 묵상해 보니 네가 그 일을 하면서 내게 고하지도 않고 구하지도 아니하였으니, 다시 말해서 네가 그 일을 하면서 기도하지 않았으니 네가 내 손에서 얻을 것은 이뿐이라. 네가 그 일 가운데서 슬픔 중에 눕고 그 일에 실패하여 괴로움에 뒹굴 것이라는 이사야의 말씀대로 된 것이다.

사람들 중에는 '말도 안 돼. 하나님을 모르는 사람들도 사업에 잘만 성공하더라.' 하는 사람도 있을 것이다. 하지만 그것은 하나님이 자기의 백성으로 택하시지 않아서 하나님의 지도와 간섭을 받지 못하는 자들의 생각이다. 하나님은 그들을 어느 때 어찌하실지 모른다. 하나님께서 개입하시면 모든 상황은 순식간에 달라질 수 있다. 하나님의 생각은 우리와 다르고 하나님의 지혜는 기묘막측奇妙莫測하시니 우리는 성경의 말씀을 그대로 믿고 아멘으로 받는 것이 가장 현명한 순종이라 생각한다.

가옥에 가옥을 이으며 전토에 전토를 더하고 빈틈이 없도록 하고

이 땅 가운데에서 홀로 거주하려 하는 자들은 화 있을진저

만군의 여호와께서 내 귀에 말씀하시되

정녕히 허다한 가옥이 황폐하리니

크고 아름다울지라도 거주할 자가 없을 것이며

열흘 갈이 포도원에 겨우 포도주 한 바트가 나겠고

한 호멜의 종자를 뿌려도 간신히 한 에바가 나리라 하시도다.

이사야 5장 8~10

"네가 열흘 밭을 갈아도 쌀 한 되밖에는 얻지 못할 것이라."
하시는 것이다.

이 말씀은 부자와 권력자들이 탐욕스러운 마음으로 형제와
공동체의 생활을 파괴하여서라도 자기들의 욕심을 채우려는
것을 지적하신 것이다.

하나님께서는 이러한 탐욕자들이 욕심을 채우고 만족하도록
그대로 두시지 아니하시고 주권적으로 개입하셔서 욕심껏 모은
재산이 삶에 도움이 되지 못하고 오히려 화근이 되게 하실 수도
있음을 말씀하신 것이다. 그래서 화가 있으리라 하신 것이다.

노후대책을 염려한 주유소 사건은 하나님께서 나의 불신앙

을 연단하시기 위해 만드신 또 하나의 연단 과정이었다.

　나는 이 일에 시달리는 동안, 이스라엘 민족의 광야생활 중 하나님이 왜 그들에게 만나를 하루치씩만을 주셨는지 알 것 같았다. 재물은 넘치면 짐이요, 부패하면 근심이니 그들이 탐욕에서 벗어나게 하려 하심이었다. 혹여 모자라면 채우시고 모자라지도 남지도 않게 하여 마음에 평화를 주려 하신 것이다. 그런데 나는 세속적인 욕심을 채우려다 엄청난 이자를 감당해야 하는 고통의 연단을 겪게 된 것이었다.

④ 네 번째 연단 : 자녀들과의 갈등
　- 아이들과의 종교적 갈등

　그러는 중에 설상가상으로 아이들까지도 이상해졌다.

　둘째가 어느 날 학교에 다녀오더니, 친구에게 전도를 받았는데 구원을 받아서 아주 기쁘다고 했다.

　셋째도 함께 그 교회에 다녀와서는 모두 구원을 받았다며 좋아들 했다.

　일상의 생활에서 느낄 수 없었던 아이들의 모습이었다.

　무슨 교회인지 단 한 번 다녀와서 갑자기 구원을 받았다고 하는 아이들의 모습이 왠지 불안하고 이상하게 보였다. 맏이를 제외한 세 아이가 모두 이제 자기네들은 구원을 받은 아주 귀한 몸이 되었다는 것이다. 내가 보기에는 세 아이의 그러한 행동이 교만한 모습으로 보였다. 그런데 그중에서 막내는 어쩐지 금방 시들했다.

나는 구원이란 그렇게 한두 시간의 설교로써 쉽게 얻어지는 것이 아니라고 생각했다. 회심悔心의 단계를 거쳐 통회痛悔와 자복自服으로 예수님의 속성을 닮아 가는 성화聖化의 과정이 있어야 한다고 생각했다.

뽕나무 위에 올라가 있던 삭개오의 구원과 골고다 언덕 위에서 예수님의 십자가 오른쪽 강도의 구원도 있지만, 성령시대의 사도 바울은 전도를 위해 그렇게 많은 수난을 겪으며 고난의 삶을 살다가 순교했지만 '다 이루었다 함도 아니요 오직 푯대를 향하여 달려간다.'고 할 뿐이었는데 저희가 무엇을 안다고 구원을 받았다는 것인지 불안한 생각이 앞섰다.

나는 날이 갈수록 그러한 아이들의 모습이 너무 못마땅했다 그래서 목사님께 아이들이 무슨 교회를 다녀오더니 구원받았다며 기뻐하는 것이 아무래도 이상하게 보인다고 했더니, 검

토해 보시고는 그 교회는 정통교단을 벗어나 이단으로 취급되고 있는 교파의 하나라는 것이었다.

그러던 어느 날 오전 열 시경, 가족들이 아침식사를 마치고 모두 다 직장과 학교로 간 후 집안을 아직 치우지도 못한 채 잠깐 엎드려 있다가 깜박 잠이 들었는데 꿈을 꾸었다. 오전 밝은 낮에 잠깐 꾼 꿈인데도 너무나 선명하고 확실했다.

어린 시절 가끔 외가에 갈 때 보았던 다리였다. 요즘 젊은이들은 잘 모르겠지만, 굵은 나뭇가지 몇 개를 새끼줄로 군데군데 묶어서 걸쳐놓은 다리를 건너고 있었는데, 밑을 보니 물 한 방울 보이지 않는 마른 개천이었다. 그런데 맨 앞에서 다리를

건너던 둘째가 갑자기 "수영해야지." 하며 다리 밑으로 펄쩍 뛰어 내려갔다. 그러자 셋째도 "나도~" 하고 뒤따라서 뛰어 내려갔다. 어떻게 말릴 틈도 없이 순식간에 일어난 일이었다.

아이들이 아래로 뛰어들 때의 퐁당퐁당 물소리가 선명하게 들렸다. 분명히 다리 밑은 물이 하나도 없는 마른 개천이었는데 수영은 무슨 수영이며 또 퐁당퐁당 물에 뛰어드는 소리는 무엇이란 말인가! 놀라서 다리 밑을 다시 살펴보니 집채만큼 커다란 녹슨 철제 물탱크가 있었다.

그 통 속에 누군가 기름을 다 쓰고 물을 부어 놓은 것인지 빗물이 고인 것인지는 몰라도 더러운 물이 가득 차 있는 것을 아이들이 수영장으로 잘못 알고 뛰어 들어간 것이다.

나는 깜짝 놀라서 반사적으로 물속에다 두 팔을 넣고 휘저었다.

손에 잡히는 것이 있어 끌어 올려보니 다행히도 둘째였다.

그 아이를 건져 다리에 올려놓고 나서 셋째를 건지려는데 둘째아이의 몸이 온통 기름을 뒤집어쓰고 있기 때문에 미끄덩거리면서 다시 물통 속으로 미끄러져 들어가려고 하는 것이었다.

그래서 건져낸 아이를 황급하게 이웃에 맡기고 다시 와서 셋째를 건지려고 보니 그 사이 물이 너무나도 탁해지고 무지개

색으로 기름이 많이 퍼져서 보이지도 않고 찾을 수도 없었다.

나는 '셋째가 저 더러운 물속에서 어떻게 숨을 쉴 수가 있을까?' 하여 몸이 달아 물속에다 대고 "야, 너 거기 수영장 아냐, 빨리 나와!" 하고 소리소리 지르니 "괜찮아요." 한다.

그래서 다급한 목소리로, "안 돼, 빨리 나와!" 하고 소리치며 물속을 들여다보니 이제까지 보이지 않던 통 속이 희미하게 보이는데, 원자력 발전소에 설치된 것 같은 어마어마하게 큰 철제 탱크의 안쪽에 성냥개비로 만든 것같이 작은 사다리가 붙어 있었다.

그리고 그 사다리에 셋째가 개미같이 자그마한 모습으로 매달려 있는데 매달린 두 팔 사이에 얼굴을 묻고 있는 것이 보였다. 나는 기가 막혀서 큰 소리로, "야, 너 거기 아냐, 너 빨리 나와!" 하며 큰소리로 소리를 질러 대다가 내 악쓰는 소리에 스스로 놀라 잠이 깼다.

대낮에 깜빡 조는 사이에 꾼 꿈치고는 너무도 선명하였고 불길한 예감이 들었다. 시계를 보니 오전 10시 40분이었다.

셋째를 건져 올리지 못하고 통 속에 그대로 남겨 둔 채 잠이 깬 것이 너무도 불안했다.

잠에서 깨어나 여러 가지 복잡한 마음으로 고개를 숙인 채

무릎을 꿇고 묵상해 보니 이 꿈은 예사로운 꿈이 아니었다. 이
것은 이단이 쳐놓은 함정에 빠진 것이라는 생각이 들었다.

　꿈에서 우리 아이들이 수영장인 줄 알고 뛰어 들어간 곳은
수영장이 아니라, 다 쓰고 버린 기름통에 오수가 담겨 있는 곳
을 수영장으로 잘못 알고 들어간 것처럼, 아이들이 교회인 줄
알고 들어간 곳은 올바른 교회가 아니라 오수 같은 이단임을
깨닫게 하여 주신 꿈이라는 것을 알았다.

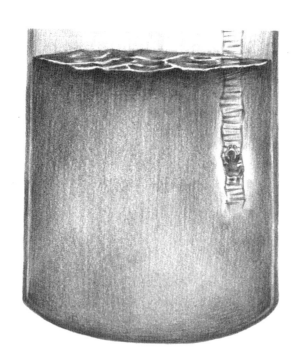

– 아이들과의 기 싸움

호랑이를 잡으려면 호랑이 굴로 들어가야 한다는 말이 있듯이 아이들을 오수가 담긴 통 속에서 건져내려면 내가 직접 들어가 봐야겠다는 생각으로 그 교회에 가서 설교를 직접 들어 보았다.

그런데 그 교회는 정말로 근본적으로 아니었다. 하나님의 말씀은 그냥 읽기만 했을 뿐, 그 말씀과는 전혀 상관이 없는 말만 두어 시간 동안 했다. 목사라는 사람은 주로 자신의 이야기만 주야장천 늘어놓고 있었다. 온갖 어려움을 극복한 끝에 드디어 지금에 이르렀고, 자기의 영성이야말로 하나님이 직접 내려 주시고 붙들어 주시는 신기하고 귀한 영성이라는 것이었다.

그들은 영문으로 된 목사의 자격증 같은 것을 벽에 걸어놓았고 일반 찬송가가 아닌 자기들이 지어 엮은 찬송가책을 사용했다.

나는 이렇게 직접 확인해 보고 나서 더욱 길이 아님을 느끼며, 아이들의 이단 신앙을 말리기 위해 별의별 짓을 다 해 보았다.

아이들의 신발을 모두 감추고 현관에서 이불을 덮고 자며 출입을 막기도 하고, 급기야 손찌검까지 해 보았지만 아무 소용이 없었다. 설득을 해도, 논쟁을 해도 도저히 먹혀들지가 않았다.

오히려 아이들은, 사탄이 엄마 속에 들어가서 자기들의 구원을 시기하며 핍박한다고 여겼다. 말리면 말릴수록 사태는 더욱 악화되어 갔다. 이단도 신적 능력을 가지고 있는 것인지, 아니면 이단이라도 그들을 사용하시는 하나님의 섭리가 있는 것인지 별의별 생각이 다 들었다.

그러던 어느 날 기도 중에 하나님은 꽃 한 송이의 환상을 내게 보이시며 나의 강압적 제지를 말리셨다. 기도 중에 꽃 한 송이가 피어 있었는데, 아주 시커멓고 억센 마귀의 손이 그 꽃의 연약한 가지를 꽉 붙들고 있는 모습이 보였다. 내가 그 꽃가지를 빼내려고 마귀의 손을 억지 벌리려고 하니 더욱 힘을 주며 강하게 움켜쥐었다. 그래서 그 꽃을 빼내려고 계속 실랑이를 하니 그 가냘픈 꽃대가 부러질 것만 같았다.

용사의 빼앗은 것을 어떻게 도로 빼앗으며
승리자에게 사로잡힌 자를 어떻게 건져낼 수 있으랴
여호와가 이같이 말하노라 용사의 포로도 빼앗을 것이요
두려운 자의 빼앗은 것도 건져낼 것이니
이는 내가 너를 대적하는 자를 대적하고
네 자녀를 내가 구원할 것임이라

이사야 49:24, 25

나는 이 말씀을 생각하며 그 마귀의 손에서 꽃을 빼내는 것을 포기했다. 그리고 말씀을 다시 생각해 보니, 우리 아이들을 그 이단에서 구원하실 이는 하나님 외에 그 누구도 불가능한 것임을 깨달았다.

그 환상 속의 꽃은 가장 열성적인 셋째 딸이고 까만 마귀의 손은 이단집단을 상징하고 있었다. 결국 이 상황은 강제로 급히 다룰 일이 아니라 오랜 시간을 두고 기도와 눈물로 하나님의 용서를 받아야만 풀릴 것이라는 생각이 들었다.

– 거미줄에 걸려든 나방이

아직도 연단의 과정은 멀고도 멀었다.

어느 날 가족들이 모두 다 외출한 후 텅 빈 집에 홀로 앉아 내 처지를 생각하니, 사면이 막혀 버린 벽 속에 갇힌 채 어두운 꿈속에서 앞이 보이지 않는 곳을 헤매고 있는 것만 같았다.

'내가 왜 갑자기 이렇게 되었나!'

이렇게 되기까지는 채 반 년이 걸리지 않았다. 너무도 급속한 변화였다. 변화라기보다는 추락이라고 말하는 것이 더 맞는 표현일 것 같다. 마치 비킬 사이도 없이 밀려 들어오는 쓰나미이거나, 욥의 불행이 닥쳐오는 것같이 급하게 들이닥쳤다. 나는 어떻게 하든지 얽힌 현실을 벗어나 보려고 발버둥을 쳐 봤으나 거미줄에 걸려든 나방처럼 오히려 더 엉켜 들어가고 있었다.

⑤ 열매 없는 포도나무

나는 성수대교의 붕괴 이후 하나님 아버지께서 시작하신 엄한 연단을 겪으며 많은 것이 변화되어 갔다. 하지만 그분이 요구하시는 온전한 신앙생활을 하지 못했고 열매도 없이 생명양식이 아닌 것에 금과 은을 달아 주며 허탄한 일들로 시간을 보내고 있었다.

– 악하고 게으른 종

마태복음 25장 18절 이후에 나오는 이야기다.

어떤 사람이 타국 멀리 떠날 때 종들을 불러 그 재능대로 한 사람에게는 금 다섯 달란트를, 한 사람에게는 두 달란트를, 그리고 한 사람에게는 한 달란트를 주고 떠났다.

그 주인이 자기의 볼일을 마치고 돌아와 종들을 불러 그간의 일들을 회계會計하여 보니, 한 사람은 부지런히 일을 하여 다섯 달란트를 더하여 열 달란트를 가져왔고, 두 번째는 둘을 더하여 네 달란트를 가져왔으나 한 달란트를 가져갔던 종은 그것을 땅에 묻었다가 그대로 가져왔다.

그때 주인은 앞의 두 사람에게는, '착하고 충성된 종아, 네가 적은 일에 충성하였으매 내가 많은 것을 네게 맡기리니 네 주인의 즐거움에 참여할지어다.' 하였다. 그러나 한 달란트를 땅에 묻었다가 그대로 가져온 종에게는 대로大怒하며, '악하고 게으른 종'이라 하며 그가 가지고 있는 한 달란트마저 빼앗아 열 달란트 가진 자에게 주라고 하였다. 그리고 '이 무익한 종을 바깥 어두운 데로 내쫓으라. 거기서 슬피 울며 이를 갈리라.'고

하신 '한 달란트의 비유'가 내게 해당되는 것 같아 당혹감이 들기도 했다. 나는 하나님의 영적 지시를 알면서도 이행하지 않아 열매가 없었다는 생각을 지울 수가 없었기 때문이다.

다른 예를 들어 보면, 시험을 보기 위해 교실의 맨 앞줄에 앉아 있는 학생들에게 선생님이 뒤로 돌리라고 시험지를 한 뭉치씩 주었는데, 그 시험지를 받은 학생이 자기만 시험을 치고 시험지를 뒤로 돌리지 않았다면 선생님은 그 학생을 어찌 했을까, 또 뒤에 앉아서 시험을 보려고 했던 학생들은 어찌 되었을까를 생각해 보면 이것은 보통 일이 아니라는 생각이 들었다.

나는 하나님으로부터 많은 은혜를 받고도 아무런 열매가 없는 것이 여기서 말씀하시는 '악하고 게으른 종'이거나, 뒤로 돌리라는 시험지를 받고도 자기만 시험을 치고 시험지를 뒤로 돌리지 않은 교실의 맨 앞에 앉아 있는 학생이 바로 나의 모습이라는 생각이 들었다. 그러면서도 한편으로는 하나님이 좀 너무하시다는 반항 섞인 생각도 들었다. 한 달란트를 받은 하인도 그것을 허랑방탕 소비해 버린 것이 아니라 그것이나마 없어질까 봐 소중히 땅에 잘 묻어서 보관했다가 가지고 왔는데, 어찌 저리도 냉정하게 어두운 곳으로 내쫓으셔서 이까지 갈게 하시는 것일까 하는 생각이 들었다.

그러나 가만히 묵상해 보니, 그것은 우리 성도들에게 맡겨진 가장 중요한 사명으로 나의 생각은 아주 중대한 착오였음을 깨달았다. 하나님의 뜻은 달란트에 있는 것이 아니고 전도, 곧 생명구원이라는 열매 맺기를 원하셨던 것이다.

전도는 한 영혼을 구원하는 것, 그것도 영원하고도 결정적인 결과와 연관된다는 점에서 본다면 중요한 임무를 이행하지 않은 것이다. 전도하여 구원해 주면 천국에서 영원히 살 수 있는 그 영혼을 그대로 방치해서 지옥에 떨어지게 하는 부작위를 저지른 것이다.

하나님께서 그간 나에게 보이시며 깨닫게 하신 여러 가지 영적 섭리를 통해 아무런 열매도 맺지 못한 채 내 안에 묻어 두었다가 그대로 하나님 앞에 가져간다면 나는 분명 악하고 게으른 종이 되는 것이다.

그런데 나는 지금까지 아무런 생각 없이 세상적인 것만 추구하며 미련한 삶을 살아왔다. 파수꾼인 나에게 주위에 전도하라고 내려 주신 사명을 받고도 아무 일도 하지 않아서 그 사람들이 구원 받지 못했다면 '그 피 값을 네게서 찾겠다'고 하신 말씀이, 세월이 지나면서 불편을 넘어 공포로까지 느껴졌다.

그래서 나는 아무쪼록 그동안 내가 하지 못했던 분량의 전도가 얼마만이라도 이루어짐으로써 천국 주인의 진노를 면하고 하나님의 용납을 받을 수 있기를 간구하며 이렇게 뒤늦게라도 내가 겪은 생생한 사실을 여기에 기록하는 것이다.

내 안에 거하라 나도 너희 안에 거하리라

가지가 포도나무에 붙어 있지 아니하면

절로 과실을 맺을 수 없음 같이

너희도 내 안에 있지 아니하면 그러하리라

나는 포도나무요 너희는 가지니

저가 내 안에, 내가 저 안에 있으면

이 사람은 과실을 많이 맺나니

나를 떠나서는 너희가 아무것도 할 수 없음이라

요한복음 15장 4~5절

PART 02

나를 비켜가는 계절

: 교회로의
  인도

큰딸은 우리 가족 중에서 제일 먼저 기독교에 입문한 사람이다. 중·고등학교 때 미션 계통의 학교를 다니며 학교의 인도와 친구들의 전도를 받아들인 것 같다.

그 아이는 기회만 있으면 나에게 구박을 받으면서도 교회에 나가기를 권유했다. 식구들한테 전도를 하다가 거절을 당하고 핍박을 받기가 일쑤였다. 그 아이의 책상에는 교회에 관한 서적들과 성경 등이 많이 있어서 저런 책들을 사는 데 용돈을 낭비하는 것 같아 용돈을 줄이기까지 했었다. 지금 와서 생각해 보면 그것은 참으로 자식에 대한 핍박이었고, 그로 인해 어린 아이의 마음이 얼마나 힘들었을까 하는 생각에 미안한 마음 금할 수가 없다. 더구나 '천사표'라 불릴 정도로 착하고 여린 그 아이의 마음에 그때 얼마나 상처가 되었을까를 생각하면 지금도 마음이 아프다.

내가 연단을 받고 있던 어느 날 큰아이가, "엄마, 교회에 가서 기도 좀 해보세요!" 했다. 아마 그 애가 보기에도 내가 많이 힘들어 보였나 보다. 내가 한참 어려웠던 때라 도움이 된다면 지푸라기라도 잡고 싶은 심정이었으므로 온통 근심 걱정으로 뒤범벅이 된 나의 현실을 공간적으로나마 벗어나 보고 싶었었다. 어찌 생각하면 하나님께서 나를 전도하시기 위해 이미 첩경을 닦아 놓으시고 저항의 기를 모두 다 빼 놓으신 것인지도 모르겠다. 여하간 그날따라 "엄마, 교회에 가서 기도 좀 해 보세요."라는 말이 마음에 들었다.

나는 좀 어색한 마음이 들었지만 아무 말도 없이 딸아이가 다니는 교회를 따라갔다. 내가 큰아이를 따라간 평일의 소망교회 본당에는 아무도 없었다. 성수대교가 무너진 지 얼마 안 된 벌써 오래 전의 이야기다.

"엄마, 기도 좀 하고 가세요."

딸아이는 볼일이 있었는지, 아니면 나와 같이 있는 것이 부담스러웠던지, 이렇게 말하고는 홀쩍 먼저 가 버렸다.

아마도 그때 큰아이는 "하나님! 우리 엄마가 드디어 성전까지 들어왔으니 그 영을 붙들어 주시기를 바라나이다."라고 나를 위해 기도했을 것이다.

큰아이가 가 버린 성전에서 나는 혼자 고개를 숙이고 한참을 침묵하고 있었다.

'무슨 말로 어떻게 기도를 해야 하나? 무슨 말이든 하기는 해야겠는데……'

'하나님! 제가 여기 와서 앉아도 되는 것입니까? 이제 와도 받아 주시는 겁니까? 하나님이 계시면 저를 좀 도와주시고 우리 가정도 좀 다시 회복시켜 주십시오.'

이런 생각을 하면서도 막상 기도하려니 어색해서 머리만 머리를 숙이고 한동안 그대로 앉아 있었다. 이것이 나로서는 처음으로 주님께 드리는 소박한 마음이었을 것이다. 평일의 본당 안에는 아무도 없었고 텅 빈 커다란 공간만이 나를 엄습해 오는데, 그렇게 머리를 숙인 채 오랫동안 홀로 앉아 있다가 집으로 돌아올 수밖에 없었다.

다음 날도 큰아이가 가자는 대로 또 따라나섰다. 집에 있으면 살림을 이토록 어렵게 만들어 놓은 죄책감에 식구들 볼 면목도 없었고, 마음이 온통 무겁게 짓눌려 오면서 머리가 터질 것만 같았다. 그래서 일단은 현실적인 공간이라도 벗어나고 싶은 마음에 큰아이를 따라 집을 나섰다. 다른 곳에 가려고 해도 돈 한 푼 없으니 마땅히 갈 곳도 없었고, 또 갈 마음의 여유도 없었다.

어느 날인가부터 나는 누가 바래다주지 않아도 날마다 이 교회에 와서 홀로 가만히 머리를 숙이고 앉아 있다가 돌아오곤 했다. 그러던 어느 날, 교회에 오긴 왔는데 본당 안에 들어갈 수가 없었다. 집회 규모로 보아 아마도 교회 연합행사가 있었던 것으로 보였다. 모두 양복으로 정장한 남자들만 가득한 것으로 보아 가벼운 행사는 아닌 것 같았다. 나는 그냥 집으로 돌아오려다가, 이왕에 왔으니 좀 조용하게 혼자 있을 만한 곳이 있는지 찾아보았다. 본당 뒤편에 선교관의 작은 빈 강의실이 눈에 띄었다. 그곳에 들어가 보니 중압감을 느끼던 넓은 본당에 비해 오히려 아늑하고 마음이 더 편했다.

그 후부터 나는 본당으로 가지 않고 이 작은 강의실을 이용했다. 이 작은 강의실은 무엇을 하는 곳인지 항상 비어 있었다.

이런저런 생각으로 나도 모르게 중얼거리며 나의 이런 현실이 차라리 꿈이었으면 좋겠다며 깊은 생각에 잠겨 있었다. 그러던 어느 날, 나는 갑자기 입을 열어 중얼거리게 되었다.

"하나님! 나의 살아온 모든 날들에 무엇이 잘못된 것입니까? 왜 내가 이렇게 깊은 어려움에 처하게 것입니까? 내게 깨우침을 주소서!"

이렇게 중얼거리고 나서 나는, 지금 내가 무슨 말을 하고 있는지 스스로 놀라며 열없는 기분이 들었다. 그러나 그것은 나의 진정한 기도의 시작이었고, 그 후 이 작은 강의실은 나의 기도실이 되었다.

그러던 어느 날, 그날도 다른 날과 같이 이 기도실에서 묵상을 하다가 화장실을 다녀오는데 갑자기 '여기 위층에는 무엇들이 있나' 하는 호기심이 생겼다. 그래서 내가 있던 작은 강의실을 지나 선교관 4층까지 올라가 보았다. 마치 누군가가 한 번만 올라가 보라며 등을 떠밀리기라도 하듯이 나는 내가 있던 강의실을 지나쳐 4층까지 계단을 밟으며 올라갔다.

: 성경과의
만남

　누군가에게 떠밀리듯이 올라가 보게 된 곳은 교회의 도서실이었다. 조심스럽게 도서실 문을 가만히 열고 들여다보니 제법 많은 사람이 조용히 앉아 책을 읽고 있었다. 그들은 책을 읽느라 아무도 나를 바라보거나 관심을 보이는 사람이 없었다. 나는 다행이라 생각하고 조용히 들어가 한 자리를 차지하고 앉았다. 그곳에는 서적들이 책장 칸칸마다 빼곡히 꽂혀 있었는데 거의 모두가 성경과 기독교에 관한 책들뿐이었다. 그것을 보는 순간, 매일 혼자서 가만히 앉아 있다가 집에 가는 것보다는 이곳에서 책을 보는 것이 낫겠다는 생각이 들었다.

① 천지창조

그때 나는 저들이 보는 성경 속에 무엇이 쓰여 있을까 궁금한 생각이 들어 나도 한번 읽어보고 싶었다. 까만 책뚜껑에 「큰글 성경」이라 쓰인 책 한 권을 뽑아서 이리저리 뒤적이다가 좌석 하나에 자리를 잡고 앉아 첫 장을 열어 보았다.

태초에 하나님이 천지를 창조하시니라
땅이 혼돈하고 공허하며 흑암이 깊음 위에 있고
하나님의 영은 수면 위에 운행하시니라
하나님이 이르시되 빛이 있으라 하시니 빛이 있었고
빛이 하나님이 보시기에 좋았더라 하나님이 빛과 어둠을 나누사
하나님이 빛을 낮이라 부르시고 어둠을 밤이라 부르시니라
저녁이 되고 아침이 되니 이는 첫째 날이니라
하나님이 이르시되 물 가운데에 궁창이 있어 물과 물로 나뉘라 하시고
하나님이 궁창을 만드사 궁창 아래의 물과 궁창 위의 물로
나뉘게 하시니 그대로 되니라.
창세기 1장 1~7절

무슨 말인지 내 일상의 생각으로는 잘 이해가 되지 않았지만

왠지 모르게 내 마음속에 신비롭고도 엄숙한 느낌이 들었다.

'그런데 이해도 안 되고 말도 안 되는 책을 저들은 왜 저렇게 열심히들 볼까? 남들은 다 이해가 되는데 나만 이해를 못하는 것일까?'

의문이 생겼지만 많은 사람이 보는 책이니 나도 한번 좀 더 읽어 보기로 했다.

나는 그날 종일 그 책을 보다가 갑자기 시간이 훌쩍 지나간 것을 알았다. 힘들고 지루한 순간들을 쉽게 보냈다는 생각이 들었다. 이때부터 나는 다음 날도 또 그 다음 날도 교회에 가서 기독교 서적을 읽기 시작했다.

② 아브라함(Abraham)의 번제

사랑하는 아들 이삭Isaac을 번제燔祭로 드리라 하시는 하나님! 어찌 이리 하실 수가!

여호와께서 이르시되

네 아들 네 사랑하는 독자 이삭을 데리고 모리아땅으로 가서

내가 네게 일러준 한산

거기서 그를 번제로 드리라

아브라함이 이에 번제 나무를 가져다가 그의 아들 이삭에게 지우고

자기는 불과 칼을 손에 들고 두 사람이 동행하더니

이삭이 그 아버지 아브라함에게 말하여 이르되

내 아버지여 하니 그가 이르되

내 아들아 내가 여기 있노라

이삭이 이르되 불과 나무는 있거니와

번제할 어린 양은 어디 있나이까.

창세기 22장 2, 6, 7절

　사라가 그의 평생에 그렇게나 갈구하여 구십 세가 넘어서 죽은 것 같은 몸으로 간신히 얻은 아들을 번제로 드리라 하심은 얼마나 잔인한 요구이신지! 차라리 그들 부부에게 아들을 주시지 말았으면 더 좋았을 것 같다는 생각이 들었다.

　어린 이삭은 자신이 번제물燔祭物인지도 모르고 자기를 불에 태울 그 나무를 등에 지고 걸으며 아버지에게, "불과 나무는 있거니와 번제할 어린 양은 어디 있나이까?" 하고 물을 때 나는 그 이삭이 너무나도 불쌍해서 눈물을 흘리며 읽었다.

　그리고 이삭은 그 아버지 아브라함이 이삭의 두 손을 꽁꽁

묶을 때 이삭은 어리둥절했을 것이다.

여기에서 이해가 안 되는 것은 이삭의 반응이었다.

낭연히 이삭의 인간적인 반항이 있었어야 하련만 그러한 언급이 조금도 없다는 것이 성경을 처음 읽는 나로서는 매우 아쉬웠다. 그저 아무런 저항도 없이 두 손을 내밀고 묵묵히 순종하는 대목을 받아들일 수가 없었다. 차라리 "아버지, 왜 이러세요?" 하며 울고 불며 살려 달라고 간청했더라면 당연하고 자연스럽게 이해할 수 있었을 것이다.

여기에 비유되면서 머릿속에 떠오르는 것은, 예수께서도 자신을 죽여 걸어놓을 그 십자가를 스스로 등에 짊어지고 골고다

를 오르시는 고통을 감내하시는 것과 같이 하나님 아버지의 뜻
에 순종하는 모습을 예표하고 있다는 생각이 들었다.

③ 우상을 싫어하시는 하나님

또 성경을 읽으면서 절실하고 깊게 깨달은 것은 하나님께서
우상을 얼마나 더럽게 여기시며 싫어하셨는가였다. 십계명의
제1과 제2가 모두 다 "나 외에 다른 신을 섬기지 말라"는 명령
이라는 점을 비롯해서 구약의 출애굽기, 레위기, 신명기, 열왕
기, 역대기 등 구약의 모든 말씀이 우상 때문에 흥망성쇠가 좌
우되어 갔음을 보았을 때, 나는 아직까지 죽지 않고 지금 이 자
리에 살아 있음이 기적같이 느껴졌다.

> 남자나 여자가 접신하거나 박수무당이 되거든 반드시 죽일지니
> 곧 돌로 그를 치라 그들의 피가 자기들에게로 돌아가리라
> 레위기 20장 27절

이처럼 하나님은 우상을 아주 불결하고 불쾌하게 생각하셨
다. 왜 그렇게 우상을 싫어하셨는지 성경사전을 찾아보았더니

다음과 같은 이유가 설명되어 있었다.

첫째, 우상숭배는 하나님을 근본적으로 잘못 이해하는 것이고 하나님의 거룩하심과 하나님의 절대 유일성에 비교하려는 것은 그 어떤 것도 배격하신다고 경고하고 있다. 하나님께서는 인간들의 순수한 섬김의 감성을 우상들에게 주는 것을 지극히 싫어하셨다. 하나님은 인간의 능력 안에 계시는 분이 아니시다. 하나님은 자존하시고 지존하신 분이시다. 하나님은 인간의 예능이나 기술로 금이나 은과 돌에다 고안하여 새길 수 있는 그러한 대상이 아니라는 것이다.

그(목공)는 자기를 위하여 백향목을 베며

디르사 나무와 상수리나무를 취하며 숲의 나무들 가운데에서

자기를 위하여 한 나무를 정하며 나무를 심고

비를 맞고 자라게도 하느니라

이 나무는 사람이 땔감을 삼는 것이거늘

그가 그것을 가지고 자기 몸을 덥게도 하고

불을 피워 떡을 굽기도 하고 신상을 만들어 경배하며 우상을 만들고

그 앞에 엎드리기도 하는구나.

이사야 44장 14, 15절

이렇게 인간의 손으로 만들어낸 것이 어찌 우리에게 신이 될 수 있겠는가? 그 땅에 우상이 가득한 것은 그들이 자기 손으로 짓고 자기 손가락으로 만들 수 있기 때문인 것이다. 이런 것들에게 경배하는 것은 그 마음에 생각도 없고 지식도 없고 총명도 없기 때문이지만이사야 44장 12~19, 그것은 단지 장난감에 불과한 것이며, 혹시 그 가운데서 은혜를 받았다고 생각하는 사람이 있다면 그것은 간절한 마음으로 우상을 숭배하다 보니 자기최면에 걸린 것일 뿐, 우상 신이 내린 은혜가 아니라고 생각한다.

여호와께서 호렙 산 불길 중에서 너희에게 말씀하시던 날에

너희가 어떤 형상도 보지 못하였은즉 너희는 깊이 삼가라.

그리하여 스스로 부패하여 자기를 위해 어떤 형상대로든지

우상을 새겨 만들지 말라. 남자의 형상이든지, 여자의 형상이든지

땅 위에 있는 어떤 짐승의 형상이든지,

하늘을 나는 날개 가진 어떤 새의 형상이든지

땅 위에 기는 어떤 곤충의 형상이든지,

땅 아래 물속에 있는 어떤 어족의 형상이든지 만들지 말라

또 그리하여 네가 하늘을 향하여 눈을 들어 해와 달과 별들,

하늘 위의 모든 천체, 곧 너희의 하나님 여호와께서

천하 만민을 위하여 배정하신 것을 보고 미혹하여

그것에 경배하며 섬기지 말라.

신명기 4장 15-19절

너희는 스스로 삼가 너희의 하나님 여호와께서

너희와 세우신 언약을 잊지 말고

네 하나님 여호와께서 금하신 어떤 형상의 우상도 조각하지 말라

네 하나님 여호와는 소멸하는 불이시요 질투하시는 하나님이시니라

네가 그 땅에서 아들을 낳고 손자를 얻으며 오래 살 때에

만일 스스로 부패하여 무슨 형상의 우상이든지 조각하여

네 하나님 여호와 앞에 악을 행함으로 그의 노를 일으키면

내가 오늘 천지를 불러 증거를 삼노니

너희가 요단을 건너가서 얻는 땅에서 속히 망할 것이라

너희가 거기서 너희의 날이 길지 못하고 전멸될 것이니라.

신명기 4장 23-26절

    둘째, 하나님은 영이시니 물질적인 모양으로 하나님을 드러내려는 모든 시도는 하나님의 근본적인 본성을 왜곡하는 것이라고 하였다. 나무 조각이나 금속에 아로새기며 꾸며 넣을 수 있는 그런 신이 아니시라는 것이다.

셋째, 우상숭배는 참된 하나님의 사랑과 지식을 버리고 자신의 도덕적 본성을 상실하게 하고 인간을 악한 욕망과 음란으로 이끌어 가며 하나님으로부터 멀어지게 인도하기 때문에 정죄하는 것이라 기록하고 있다.

'아! 내가 그동안 내 가정을 위해 잘한다고 했던 일들이 모두 헛된 일들이었고, 하나님의 진노로 통하는 지름길이었음을 몰랐었구나!'

그렇다면 이 정도로 맞은 것만 해도 그분께서 매를 많이 깎아 주셨다는 생각이 들었다. 아니, 이것은 매로 받을 벌이 아니라 죽임을 받아야만 마땅한 죄이거늘, 나의 죄를 대신 짊어지신 예수님의 십자가 은혜로써 이렇게 죄 사함 받고 살아남을 수 있으니 그 무슨 불만이 있으랴! 하나님은 우리의 죄를 구약의 율법대로 벌주지 않으시고 항상 우리의 죄보다 경한 벌을 주신다고 말씀하신 것이 생각났다. 만일 구약의 율법대로 내게 벌을 주셨다면 나는 이미 죽었을 것이고 세상 마지막 날에는 지옥에 가기로 된 예정자가 되었을 것이다. 예수님의 대속의 은혜로 나 또한 그 혜택을 입은 것이리라.

나는 이러한 은혜를 성경 속의 말씀으로 좀 더 확실하게 뒷

받침 받고 싶었다. 그래서 그 말씀을 찾기 위해 성경을 계속 읽어 나갔다. 구약말씀을 모두 읽고 나서 신약에 들어서니 예수 그리스도의 출현으로 인해 바다같이 넓고 봄 햇살처럼 따사로운 그분의 사랑 안으로 내 마음이 빨려 들어가기 시작했다.

신약의 내용은 예수님의 출현과 함께 그분의 생애와 가르침이 주를 이루고 있는데, 신약 중에서도 마태복음, 마가복음, 누가복음, 요한복음의 4복음서에 대표적으로 기록되어 있었다. 하나님의 감동을 받은 이 복음서의 기자들이 각각의 관점으로 기술하고 있는데, 그 공통분모는 거룩하신 하나님의 독생자이신 예수님은 성부의 뜻에 따라 자신의 신성神性을 인간으로 낮추시고 말씀이 육신이 되어 이 땅에 오셨다고 했다. 그렇게 세상에 오신 예수님은 수많은 병자를 고치시고 진리를 선포하시다가 결국 하나님의 때에 이르러 우리의 죄를 대속하시기 위해 십자가 위에서 화목제물이 되어 죽으신 것이다. 그리고 고통 속에 흘리신 희생의 보혈로 우리의 죄를 속량하여 주심으로써 영원히 죽을 수밖에 없는 우리 죄인들을 멸망 가운데서 구원하여 주신 것과 수난 후의 부활 등이 기록되어 있었다.

예수 그리스도의 부활이야말로 죄 가운데서 영원히 죽을 수밖에 없는 우리를 깨끗이 씻어 주시고 구원해 주심으로써 영생의 길을 열어 주신 것이다. 이러한 사실은 구약에서 예언되어 왔던 일들이 그리스도의 출현하심과 함께 그분을 통해 실현 성취되어 감을 보여 주고 있다. 구약에 기록된 지극히 높으신 하나님과 엄하고 무서운 율법의 칼날 앞에 도저히 설 수 없는 우리 죄인들로 하여금 의롭다 칭함을 받도록 스스로 화목제물이 되어 주신 예수 그리스도의 은혜를 우리가 깨달을 수 있다는 것은 기쁘고도 엄청난 복인 것이다.

너희가 즐겨 순종하면 땅의 아름다운 소산을 먹을 것이요

너희가 거절하여 배반하면 칼에 삼켜지리라

여호와의 입의 말씀이니라.

이사야 1장 19-20절

④ 지도를 따라가며 성경 읽기

나는 성경을 읽으면서도 그 속에 나오는 지명들이 지금의 어디쯤이며 실제로 존재하는지 궁금했다. 또 예수님은 어느 곳에서 태어났으며 어느 곳에서 활동하셨는지도 궁금했다. 그래서

성경지도를 몇 권 구입해서 옛날 지명과 현재 위치를 서로 비교하며 지도 속을 헤매고 다녔다.

『아가페 성서지도』,『가톨릭 성서모임의 지도』,『예본출판사의 성서지도』,『최신판 해설 성서지도』,『성경과 함께 보는 지도』등을 함께 보며 어린 시절의 예수님과 그분 사역의 흔적을 찾아다녔다. 지극히 높으신 하나님의 본체이시면서 인간의 육신을 입으신 그 기적의 흔적을 찾고 싶었기 때문이다.

성경에 나오는 지명들이 모두 다 낯설었다. 처음에는 사람의 이름인지 지명인지조차 분간이 안 되어 사전과 지도를 함께 보면서 지명을 찾았다. 같은 지역도 시대에 따라 이름이 달랐고, 같은 발음의 이름도 다른 사람이 많았다. 학창시절에도 우리나라 지도를 이처럼 열심히 지역마다 찾아본 기억이 없다. 이것을 내가 스스로 한 것이라고 할 수 있을까? 예를 들어, '거라사'라는 지명은 가상의 지명이 아니라 실제로 요단강Jordan River 건너편 북쪽, 지금의 요르단을 말하는 것이고, 또 바울이 전도여행을 했던 '서바나'는 지금의 스페인을 말하는 것이다. 이 외에도 사도바울St. Paul의 유럽 전도여행지들은 모두가 다 지금 그대로 남아 있는 현지들이다.

이스라엘은 대해 지중해를 왼쪽으로 끼고 예루살렘과 사해를 중심으로 북으로는 요단강을 따라 올라가 갈릴리 호수를 지나 메롬 호수를 넘어 레바논의 아름다운 산지를 좌측으로 하고, 우측으로는 아시리아 제국과 시대를 바꾸어 가며 바벨론과 엄청나게 번성한 메대 제국까지, 또 아래로는 유다의 남부와 에돔을 지나 바란 광야와 출애굽의 흔적이 여기저기 있는 시나이 반도를 지나 애굽의 고센 땅까지 모두 생생하게 확인할 수 있었다.

신약에 들어와서는 사도 바울의 소아시아 일차, 이차, 삼차 전도여행 지도를 찾아보았다. 지중해 연안의 모든 국가를 돌며 그가 한 사역들은 인간의 힘으로는 절대로 할 수 없는 것들이었다는 생각이 들었다. 하나님의 뜻이 아니었다면 절대로 불가능했을 것이다. 그는 이미 하나님께서 이방인의 전도를 위해 정하여 놓으신 도구였던 것이다.

주께서 이르시되
가라 이 사람은 내 이름을 이방인과 임금들과
이스라엘 자손들에게 전하기 위하여 택한 나의 그릇이라.
사도행전 9장 15절

지금도 성지순례를 하면 많은 유적지와 함께 숱한 명화들 속의 상징적인 표현들이나 건축들에 새겨진 조각상들이 현존하는데 그것들을 바라보노라면 아직도 진하게 남아 있는 예수 그리스도의 향기를 느낄 수 있다. 또한 성경에 기록된 그 지명들이 아직도 현지에 남아 있는 것을 보면, 기독교는 우리 인간들의 세계와는 거리가 먼 그 어떤 종교를 믿는 신앙 차원이 아니라 인류의 역사 그 자체임을 느끼게 된다.

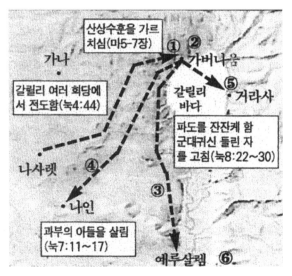

예수의 갈릴리 사역

① 귀신들린 자를 고침, 베드로 장모의 열병을 고침(눅 4:31~39)
② 많은 병자를 고침(눅 4:40~41)
⑥ 18년 혈루병 여인이 고침받음(눅 8:40~48)

예수의 공생애 초기 사역

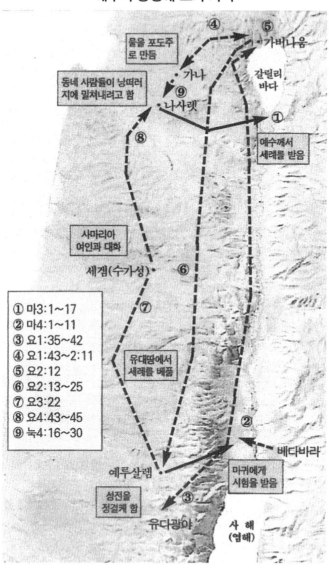

물을 포도주로 만듬

④

⑤ 가버나움

동네 사람들이 낭떠러지에 밀쳐내려고 함

가나

갈릴리 바다

⑨ 나사렛

①

예수께서 세례를 받음

⑧

사마리아 여인과 대화

세겜(수가성)•

⑥

① 마3:1~17
② 마4:1~11
③ 요1:35~42
④ 요1:43~2:11
⑤ 요2:12
⑥ 요2:13~25
⑦ 요3:22
⑧ 요4:43~45
⑨ 눅4:16~30

⑦

유대땅에서 세례를 배품

예루살렘•

②

베다바라

성전을 정결케 함

③

마귀에게 시험을 받음

유다광야

사 해 (염해)

예수의 후기 사역

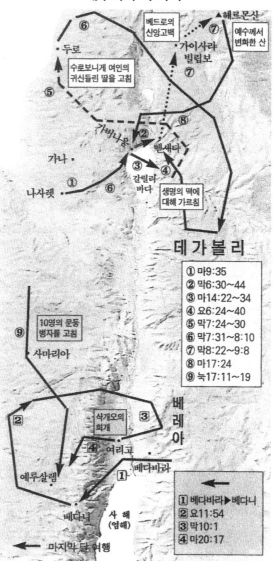

해르몬산

⑥

베드로의
신앙고백

⑦ 예수께서
변화한 산

두로

가이사랴
빌립보
⑦

수로보니게 여인의
귀신들린 딸을 고침

⑤

⑧

가버나움

② 벳새다

가나

③ ④

나사렛 ①

⑥ 갈릴라
바다

생명의 떡에
대해 가르침

데 가 볼 리

① 마9:35
② 막6:30~44
③ 마14:22~34
④ 요6:24~40
⑤ 막7:24~30
⑥ 막7:31~8:10
⑦ 막8:22~9:8
⑧ 마17:24
⑨ 눅17:11~19

10명의 문둥
병자를 고침

⑨

사마리아

베
레
아

② 삭개오의
회개 ③

④ 여리고

예루살렘

베다바라 ①

베다니

사 해
(염해)

마지막 달 여행

← 배다바라▶베다니
② 요11:54
③ 막10:1
④ 마20:17

PART 02 나를 비켜가는 계절

81

내가 보기에 사도 바울의 전도여행은 전도를 위해 수없이 겪어내는 삶과 죽음이 교차하는 고행의 연속이었다. 이것을 왜 전도여행이라 표현한 것인지 마음에 들지 않았다. 대체로 여행이라 하면 일반적으로 '즐거운 나들이'라는 전제 관념을 가지고 있어서인지, 사도 바울이 열심히 전도를 해가면서 틈틈이 현지여행도 즐기는 줄 알았는데, 성경을 보고 나니 나의 선입견이 많이 잘못된 것임을 알 수 있었다. 여행이라기보다는 '사도 바울의 전도 순례기' 아니면 '전도 고행기'라 함이 오히려 옳을 것 같다는 생각에 나는 '사도 바울의 전도여행'이라는 제목을 그대로 받아들이기가 쉽지 않았다.

교회 도서실에 앉아 시간 가는 줄도 모르고 전 세계의 기독교 전파 흔적을 성경지도로 찾아보는 일에 흠뻑 빠져 있다가 밖을 내다보면 어느새 날이 저물어 깜깜해져 있다. 그러면 깜짝 놀라 허둥지둥 집으로 돌아와 준비하는 가족들의 저녁 끼니가 늦은 적이 한두 번이 아니었다.

이토록 하나님은 나에게 뜨거운 열정을 주셨고, 여러 자료를 충분히 찾아보며 신앙에 대한 의문점을 풀 수 있는 교회 독서실로 나를 인도하여 주셨다.

⑤ 예수님의 혈통

그러나 나의 호기심은 여기에서 끝나지 않았다.

아담과 이브의 계보와 족보에서부터 예수님의 이름이 출현될 때까지의 도표를 만들어 내려가 보았다. 그것이 어찌나 복잡하던지 중도에 몇 번이나 포기하고 싶었다. 지금도 그 도표를 완성하지는 못하였지만 그렇다고 포기하지도 않고 있다. 그래서 우선 다른 곁가지 계보는 다 미루고 단지 하나님의 본체이신 예수님께서 어떻게 육신을 입으셨는지 꼭 알고 싶어 예수 그리스도의 직계만을 따라 올라가 보았다.

마태복음 1장 1절과 누가복음 3장 23-38에 예수 그리스도의 계보가 나온다.

아브라함 ⋯➡ 이삭 ⋯➡ 야곱 ⋯➡ 유다와그의 형제들 ⋯➡ 베레스 ⋯➡ 헤스론 ⋯➡ 람 ⋯➡ 아미나답 ⋯➡ 나손 ⋯➡ 살몬 ⋯➡ 보아스 ⋯➡ 옵벳 ⋯➡ 이새 ⋯➡ 다윗 ⋯➡ 솔로몬 ⋯➡ 르호보암 ⋯➡ 아비야 ⋯➡ 아사 ⋯➡ 여호사밧 ⋯➡ 요람 ⋯➡ 웃시야 ⋯➡ 요담 ⋯➡ 아하스 ⋯➡ 히스기야 ⋯➡ 므낫세 ⋯➡ 아몬 ⋯➡ 요시야 ⋯➡ 여고냐와그의 형제들 ⋯➡ 스알디엘 ⋯➡ 스룹바벨 ⋯➡ 아비훗 ⋯➡ 엘리야김 ⋯➡ 아소르 ⋯➡ 사독 ⋯➡ 아킴 ⋯➡ 엘리웃 ⋯➡ 엘르아살 ⋯➡ 맛단 ⋯➡ 야곱의 동정녀 마리아에게서 그리스도 예수가 탄생하셨다.

바로 이 계보를 통해서 예수께서 성육신하신 것이다. 나는 이 계보를 보면서 참으로 신기하고도 기묘막측한, 아니 인간은 이해할 수 없는 놀랍고 비범한 처리로 다행스러운 성육신의 과정을 하나님께서 이루신 것이라 생각했다.

아담과 아브라함과 이삭과 야곱의 열두 지파 가운데서 유다를 통해 다윗의 자손으로 내려오신 예수 그리스도의 족보야말로 왕통으로 이루어진 것이다. 그래서 예수님께서 고난을 받으시고 돌아가셨던 십자가의 명패에 '유대인의 왕'이라는 명패가 붙었나 보다.

⑥ 왕들의 계보

남북이스라엘 열 왕 비교 연대표성경에서 발췌

남북이스라엘 열 왕 비교 연대표 성경에서 발췌

연대	유다			연대	이스라엘		
B.C	왕명	재위기간	성품	B.C	왕명	재위기간	성품
931	르호보암	17	악	913	여로보암1세	22	악
913	아비얌(야)	3	악	910	나답	2	악
					바아사	24	악

910	아사	41	선	909	엘라	2	악
872	여호사밧	25	선	886	시므리	7일	살인자
848	요(호)람	8	악	885	오무리	12	극악
841	아하시야	1	악	874	아합	22	극악
835	아달랴	6	극악	853	아하시야	2	악
796	요아스	40	선	852	요(호)람	12	악
790	아마샤	29	선	840	예후	2	악
751	아샤라(웃시야)	52	선		여호아하스	17	악
742	요담	16	선	814–798	오아스	16	악
725	아하스	16	악	798	여로보암(2세)	41	악
697	히스기야	29	선	793	스가랴	6개월	악
642	므낫세	55	악	752	살룸	1개월	악
640	요시야	31	선	752	므나헴	10	악
609	여호아하스	0.3	악	742	브가히야	742	악
608	여호야김	11	악	740	베가	740	악
597	여호야긴	0.3	악	732–722	호세아	9	악
586	시드기야	11	악				

　또 사울Saul 왕과 다윗David 왕과 솔로몬Solomon 왕 이후는 왜 이스라엘이 남북으로 갈렸는지, 이스라엘과 남유다의 왕 중에서 누가 가장 선했고 누가 가장 악했었는지도 궁금했다. 내가 왕들의 계보를 보면서 한 가지 이상하게 느낀 것은 가장 선한

왕이 가장 악한 아들을 낳는 경우가 자주 보인다는 것이었다. 예를 들면, 여호사밧이 여호람을 낳은 것이나, 특히 히스기야가 므낫세를, 요시야가 여호아하스를 낳음으로써 그들의 아버지의 신앙을 유속 받지 못하는 것이 매우 안타까웠다. 또 남북의 마지막 왕들이 누구였는지도 확인할 수 있었다. 특히 유다의 마지막 왕 시드기야의 비참한 최후를 보며 나는 깊은 상처를 받았다. 차라리 그가 왕이 아니었더라면 그가 그렇게 비참한 최후를 맞지는 않았을 것이다.

북이스라엘은 왜 먼저 누구에게 멸망을 당했는지, 그리고 남유다는 왜 북이스라엘의 멸망을 보고서도 교훈 삼지 못하고 똑같은 길을 갔는지 등, 성경의 한 단원씩을 취하여 소설로 쓰면 정말로 생생한 수백 권의 훌륭한 소설을 써낼 수 있겠다는 생각이 들었다.

유일한 도피성(逃避城)
교회

① 평안을 주는 성경 읽기

나는 교회에 가만히 앉아 있다만 오는 것에 그치지 않았다. 성경 속을 헤매고 다니느라고 아주 바쁜 사람이 된 것이다. 그리고 성경을 보는 동안은 이상하리만큼 아무 잡념도 걱정도 생겨나지 않았다. 지금에 와서 생각하면 이 모든 것은 하나님의 은혜였고 섭리하심이었다. 큰아이가 이렇게 나를 교회까지 데리고 온 것부터가 그 아이를 도구로 삼아 하나님이 인도하신 것이었다. 그리고 화장실에 다녀오다가 내가 있던 강의실을 지나쳐 등 떠밀리듯 4층 도서실까지 올라가게 된 것도 분명 하나님께서 직접 인도하신 것이다.

하나님께서 우리가 사는 지구는 물론 온 우주를 창조하셨다니_{사도행전 17장 24절}, 이토록 터무니없는 말이 기록되어 있는 성경, 우리의 상식이나 지식으로 이해할 수도 상상할 수도 없는 내용의 책을 초장에 집어치우지 않고 끝까지 모두 다 읽어 나간 것도 주님이 이끄시지 않으셨다면 불가능한 일이었을 것이다.

그뿐인가. 지구 안에 존재하는 것들은 물론 온 우주만물을 말씀만으로 지으셨다는 것으로 시작된 그 두껍고도 이해가 안되는 책을 계속해서 성경사전과 우리말 현대어 성경을 비교해 가며 끝까지 정독할 수 있었으니, 이것은 분명 주님의 이끄심이 있었기에 가능한 일이었다.

특히 하나님이 사람을 창조하실 때 땅의 흙으로 자신의 형상, 곧 하나님의 형상대로 사람을 지으시고 생기를 불어넣으시니 생령이 되었다는 대목에서는 참으로 신비롭고 놀랍기도 했다.

지난날 대충 보고 넘겼던 미켈란젤로의 그림 '아담의 창조'를 다시 살펴보았다. 하나님이 오른쪽 팔을 뻗어 알몸으로 누워 있는 아담의 왼쪽 손을 잡으려 하시는 모습에서 인간의 손을 완전히 잡으셨더라면 하는 아쉬움을 느꼈다. 하나님의 손이 인간의 손을 완전히 잡아끌어 올리셨다면 우리 인간들은 좀 더 어렵지 않은 과정을 거쳐 천국에 갈 수 있지 않았을까?

　나는 그 교회 독서실에서 성경을 처음으로 펼쳐 본 날로부터 어느 누구의 도움도 받지 않고 거의 삼 년 동안을 아무 것도 하지 않고 그렇게 성경만 보고 또 보았다. 하루 종일 성경을 보고 집에 돌아갈 때는 눈이 잘 안 보여 눈앞의 사물이 가물가물하고 두 다리가 힘이 없어 후들후들 떨렸다. 나의 이러한 행동이 하나님의 진노를 진정시켜 드리는 방법이었던지, 도서실에서 성경을 펼쳐 놓고 읽을 때만큼은 유난히도 마음이 평안함을 느꼈다.

　하나님께서는 나의 무거운 연단의 생활에 조금도 틈을 주지 않으시고 나의 머리와 두 눈을 성경 위에 고정시켜 놓으셨기 때문에 단 한 순간도 옆길로 한눈을 팔 수 없었다.

주의 손이 주야로 나를 누르시오니

내 진액이 빠져서 여름 가뭄에 마름같이 되었나이다.

시편 32장 4절

② 나에게 오시는 말씀들

『벤허』는 정말 우리에게 영적 깨우침을 주는 위대한 영화라고 생각한다.

예수님이 채찍을 맞으며 처절하게 찢기신 육신의 피가 하늘의 비 뿌림을 동반하며 인간들의 영혼을 깨우고 죄를 씻어내 주는 장면에서는 깊은 감격을 주체할 수가 없었다. 쏟아지는 비는 메마른 땅을 적셔 내려가며 황폐함을 치유하고 많은 곡식과 열매로 넘치게 하는 생명의 비인 것이다. 그 비는 믿음의 마음을 열기만 하면 우리에게도 흘러들어 오는 구원의 비인 것이다.

나는 그때 모녀의 문둥병이 핏물 섞인 빗줄기에 말갛게 씻겨 내려가며 맑고 깨끗한 새살이 돋아나는 모습을 보면서 양팔에 소름이 돋으며 나에게도 가라앉아 있던 것들이 훌훌 벗겨져 나가는 듯한 느낌이 신기했다. 나는 그때, 내가 문둥병에 걸리지도 않았는데 부담 같은 것이 벗겨지면서 이렇게 개운한 느낌이 드는 것에 대해 참으로 신기로움을 느꼈다.

영화에서 보면 저렇게 선하고 행복했던 저 모녀가 무슨 죄를 지었기에 저렇게 문둥병에 걸려야만 했을까 하는 생각이 들었다. 구약시대의 문둥병은 다른 병과 같이 다루지 않고 죄의 상징으로 보았었다. 그래서 이 병에 걸린 사람들은 각별하게 제사장들로부터 분별 검사를 받아야 했고, 그래서 문둥병자임이 확인되면 함께 지내던 가족들과 이웃사람들을 떠나 격리 수용되어야 할 만큼 중죄의 병으로 취급을 받았다. 다시 말해, 구약시대의 문둥병은 의학적으로 해석되기보다는 종교적으로 해석된 죄의 상징이었다. 그리고 현실적으로도 나병이 지니는 전염성과 치명성은 절대적으로 격리가 필요하므로 죄의 속성과도 너무나 닮았다고 생각했던 것이다.

시간이 흐를수록 성경의 말씀들이 마른 솜에 물이 스미듯이 내 마음속에 스며들어 왔다. 어느 때부터인가는 한 번 읽고 지나치기에는 아쉬운 말씀들이거나, '이것은 바로 내게 하시는 말씀이구나!' 하는 것을 느끼는 말씀을 노트에 기록하기 시작했다. 처음에는 은혜로운 말씀만을 기록했는데 성경의 모든 말씀이 어느 구절 하나 소홀한 것이 없어 토씨나 접속사를 빼고는 거의 다 기록하게 되었고, 그러다보니 성경 한 권을 다 쓰게 되었다.

이처럼 목이 잔뜩 말랐던 사람이 단숨에 물을 들이키듯이 갈급한 마음으로 성경을 읽고 기록하다 보니 나도 모르는 사이에 말씀의 은혜가 마음판에 전달되기 시작했다. 나는 계속해서 강한 햇볕이 쏟아지는, 내 영혼의 끝없이 황량한 사막에서 생수를 만난 것처럼 흡족하고 만족하게 말씀을 즐기며 읽고 또 읽었다.

지금 생각해 보니 그때 처음으로 말씀에 감화 감동을 받은 것이었다. 말씀이 꿀송이보다 더 달다는 말이 무슨 뜻인지 그야말로 실감이 났다. 꿀송이는 혀만 달게 하지만 말씀은 내 영혼까지도 전율을 느끼게 했다.

태초에 말씀이 계시니라
이 말씀이 하나님과 함께 계셨으니
이 말씀은 곧 하나님이시니라.
요한복음 1장 1절

이 말씀에서 보듯, 말씀이 곧 하나님이시니 '말씀이 나의 마음판에 전달되었다' 함은 하나님께서 내 마음에 오셨다는 이야기다. 언제부터인가 나는 나도 모르게 이미 성령께서 내 마음을 성전聖殿 삼고 들어와 계신 사람이 되어 있음을 발견하였다. 항상 성령께서 내 곁에서 나를 바라보시는 것 같이 하나님을 느끼며 살게 되었다.

성경에서 가장 지루하다는 '낳고 낳고……'의 족보도 나에게 매우 흥미롭고 소중했다. 하나님과 동등이시며 본체이신 예수께서 어떤 경로를 통해 성육신成肉身하셨는지 궁금하였고, 또 어린 날의 예수께서 누구의 손길로 성장하셨는지도 정확하게 알고 싶었기 때문이다.

여기까지 추적해 나가다 보니 신과 인간의 가장 가까운 분기점이 손에 잡힐 것 같은 신비로운 생각이 들기도 했다.

: 육신보다 영혼이
   더욱 곤고했던 계절

① 연단의 독서실

　나중에 남편이 내 입장을 대충 알고 나를 한동안 친정에 가 있다 오라고 했다. 그도 나를 대하기가 부담스러웠나 보다. 나도 그렇게 하고 싶은 생각이 굴뚝같았지만 그럴 수도 없는 형편이었다. 나는 가정을 떠받치고 있는 주부다. 매일의 식사를 비롯해서 빨래 등 기타 집안일을 해야만 했다. 남편과 아이들의 생활을 챙기는 것부터 살림살이 밑바닥의 궂은일들은 내가 하지 않으면 안 되는 일들이었다. 이런 상황에서 내가 훌쩍 집을 떠난다면 가족과 집안살림에 주는 지장은 상상할 수 없을 정도로 클 것이다. 특히 어린아이들이 있는 여자가 집을 훌쩍 떠날 수 있는 용기, 이것은 용기가 아니라 미친 여자나 할 수 있는 생각으로, 정상적인 사람으로서는 할 수 없는 일이라고 생각했다. 나무꾼의 선녀는 아이가 셋인데도 하늘로 올라가지 못했다는데, 나는 한발 더 나아가 여덟 살의 아이를 맏이로 그 밑으로 셋이나 더 있으니 정말이지 집을 떠날 수는 없었다.

남편은 나에게 무언가 좀 어려운 고민이 있는가 보다 정도였지, 이자를 매월 사백만 원씩이나 내야 하는 빚더미 위에 올라앉아 있으리라고는 상상도 못 했을 것이다. 설령 그가 그 내용을 모두 다 안다 해도 그는 나를 도울 마음도 재력도 없었다. 이것은 사람의 도움으로 해결될 일이 아니고 하나님이 내게 주신 연단이라는 생각에 구체적으로 남편에게 이야기하지 않았다. 내가 평생을 살면서 터득한 그의 성격상 '당신이 한 일은 당신이 알아서 수습하라.' 할 것이므로 그의 도움까지는 처음부터 엄두도 내지 못했다. 어쩌다가 내가 이런 일에 부딪히고 만 것일까. 내 힘으로는 아무 것도 어찌할 수가 없었다.

그러는 중에도 나는 매일 교회 도서실에 나가서 성경을 읽어 내려갔다. 나는 하루 종일 성경을 보았고, 계절이 바뀌어 가을이 오고 겨울이 와도 내게는 도서실에서 성경 보는 것 외에는 아무런 상관이 없는 것들뿐이었다. 성경을 알고도 읽었고, 모르는 부분은 모르는 대로 읽었다. 왜 그렇게 생소하기만 한 책에 몰두했었는지는 나도 모르겠지만, 아마도 내 딴에는 너무도 어렵고 힘든 현실을 잊어버리기 위함이었고, 영적으로는 하나님의 섭리로 엄중하신 훈련 과정Hard Training을 거치고 있었던 것 같다.

매일같이 오전 아홉 시만 되면 교회 독서실에 나가서 하루 종일 성경을 보았다. 점심은 빵 하나에 물 한 잔, 그리고 식구들의 저녁식사 준비를 위해 오후 다섯 시에 집으로 돌아가는 일과가 거의 삼 년이 되어 가고 있었다. 콩나물이 일상생활에 이처럼 유용한 것임을 그때 처음 깨닫고 배웠다. 콩나물국, 콩나물무침, 콩나물밥, 콩나물죽 등, 다행히도 가족들이 모두 아무 말 없이 잘 먹어 주어서 고맙고도 미안했다.

그때 그 독서실은 나의 환란과 고난 중의 유일한 피난처요, 하나님의 불같은 진노를 피하여 들어간 도피성과도 같은 곳이었다. 그래도 하나님은 나에게 독서실로 피할 길을 열어 주셨다. 진리 앞으로 인도하시고 숨통은 터주시며 연단하신 것이라 생각하니 마음속에 감사가 넘쳤다. 이제는 독서실 직원도 낯이 익어서 어쩌다 자신에게 일이 생기면 내게 독서실 좀 봐 달라고 하면서 잠깐씩 나갔다 오곤 했다.

지금도 회고하여 보면, 그 독서실은 고독하고 괴로웠던 시절을 피해 가기에 아늑하고 고마웠던 곳임을 잊을 수가 없다. 그때 그곳에는 늘 나처럼 오는 젊은이가 하나 있었다. 그도 내가 보기에는 힘든 일을 당한 사람같이 보여서 궁금했으나 서로의 형편 이야기를 나눌 기회는 없었고, 매일 독서실에서 보는 낯익은 얼굴일 뿐이었다.

그 후 십여 년이 넘게 청주에 내려가서 살다가 서울에 오니 제일 먼저 연단 중의 그 독서실이 생각났다. 연민인지 향수인지 옛 생각이 나서 독서실을 다시 찾아가 보았다. 직원들도 바뀌고 내부 배치는 달라졌으나 내가 삼 년간 성경을 보던 자리는 그대로 남아 있었다. 그 자리에 앉아 보니 힘들고도 서러웠던 그 시절이 생각나면서 만감이 교차했고 한편으로는 그리워지기까지 하며 눈물이 주르르 흘렀다. '지나간 것은 모두 그리워진다.'고 한 푸시킨Aleksandr S. Pushkin의 시는 명작을 넘어 진리라는 생각이 들었다.

② 회한의 날들, 이제 예전의 나는 없다

계절은 바뀌어 어김없이 봄이 왔다가 뒤를 이어 여름이 와도 나는 여전했다. 내가 끌려 들어갔던 연단의 터널은 너무나도 깊고 길어서 좀처럼 끝이 보이지 않았다.

또 가을과 겨울이 지나갔다. 춥고 어려운 날들이었다. 매일 성경을 읽다가 도서실을 나와 집으로 갈 때는 목 밑으로 가슴과 양다리 사이로 찬바람이 파고 들어왔다. 이런 바람을 칼바람이라고 하는가 보다. 슬퍼서 나오는 눈물인지 차가운 바람 때문에 나오는 눈물인지 구별은 안 되지만 추워서 굳어진 내 얼굴의 양 볼에 뜨듯하게 줄줄 흘러내리는 것은 분명 눈물이었다. 왜 눈물이 나오는지 까닭도 모르고 울었다. 가족들의 식사만 아니면 도서실 한구석에서 자고 싶었다. 나의 모든 번민이 도사리고 있는 집에 들어가기가 싫었다. 거리를 지나가는 모든 사람이 다 나보다 활기차고 행복해 보였다. 그때 나의 마음은 안으로 안으로 오그라들었고 더 이상 들어갈 수 없을 정도로 위축되어 있었다. 교회에서 기도할 때에도 깜짝 놀라도록 웃어대는 청소 아주머니들의 요란한 웃음소리와 대화가 시끄럽기보다는 걱정이 없어 보이는 저들이 부러웠다.

어느 새 봄이 왔다. 가는 계절의 끝자락을 밟고 여름은 당연히 왔고 가을과 겨울도 그처럼 왔다가 나를 또 지나쳐갔다. 미국 민요 「아, 목동아Oh, Danny Boy」가 생각났다.

아 목동들의 피리소리들은 산골짝마다 울려 퍼지고
여름은 가고 꽃은 떨어지니 너도 가고 또 나도 가야지
저 목장에는 여름철이 오고 산골짝마다 눈이 덮여도
나 항상 여름 여기 살리라 아 목동아 아 목동아 내 사랑아

그 고운 꽃은 떨어져서 죽고 나 또한 죽어 땅에 묻히면
나 사는 곳을 돌아보아 주며 거룩하다고 말해 주어요
네 고운 노래 소리 들으면 내 묻힌 무덤 따듯하리라
또 네가 나를 사랑하여 주면 네가 올 때까지 내 잠 잘 자리라

그 중에서도 특히 2절이 나를 슬프게 했다. 반드시 세상을 떠나야 하는 인생들! 아니, 사람만이 아니라 살아 있는 모든 것의 끝은 죽음을 품고 있다. 아름답고도 무서운 원칙, 거역할 수 없는 하나님의 섭리! 하나님의 섭리에는 '왜'가 필요 없다. 이것은 결코 피할 수 없는 길이기에 오직 순종만 있을 뿐이다.

나는 창조 속의 아주 작은 벌레와 같은 피조물이다. 수천 년,

아니 억만 년의 역사 앞에서는 점으로도 표현할 수도 없는 보잘 것 없는 존재……. '영원'이라는 단어 앞에서는 아예 보이지도 않는다. 그분은 알파요, 오메가이시며 만유의 기본이시요, 창조의 주인이시요, 진리의 본체이시며 절대자이심을 마음에 받아들일 뿐이다.

나는 거의 삼 년여에 걸친 연단의 기간 동안 사회와는 격리된 피안의 세월을 살았다. 요나의 불순종에 그를 물고기 뱃속에 삼 일간 가두신 것처럼 나의 불순종에는 이 독서실에 삼 년간을 가두어 놓으셨다.

누구에겐가 머리를 묻고 실컷 울고 싶었다.

엄마나 아버지는 너무 많이 늙으셨는데 그들에게 영문도 모르는 걱정을 끼쳐 드릴 수는 없었다. 나는 언니나 오빠도 없는 맏이였다. 가만히 생각해 보니 이것은 사람을 통해서 풀 수 있는 것이 아니었다. 고독과 침울, 악하고 가증했던 자신에 대한 죄의식, 수많은 생각들이 땅에 떨어진 낙엽들처럼 흩날리며 나를 휩싸고 돌았다. 이제 내게는 아무것도 없고 나 또한 아무 것도 아니다. 나 특유의 성질과 아집과 자존심 따위는 이제 없다. 지난날 그러한 속성들이 지금의 나를 만들지 않았나? 이전의 나는 이제 기억도 없이 제하여 주시기를 기도했다. 나는 이제 정말 새로운 사람, 새로운 피조물이기를 원했다. 세상은 내 맘대로 사는 것이 아니다. 보이지 않는 절대자의 섭리가 인터넷 접속선처럼 만물 근본에 깔려 있으며 모든 것은 그 섭리 속에서 진행되어 가는 것임을 깨달았다. 그 접속선의 시작과 끝은 하나님의 뜻에 대한 절대 복종으로 이어져 있다.

이제는 나를 어디엔가 온전히 맡기며 의탁하고 싶었다. 나는 그러한 누군가에 아주 갈급해 있었다. 무한한 능력으로 나의 모든 더럽고 추했던 일들, 악하고 가증한 것까지도 넉넉히 포용해 줄 수 있는 그런 존재가 필요했다. 육신보다 영혼이 더 피곤해 있음을 느꼈다. 예수님을 받아들여야 하는 진정한 갈급함이 서서히 내 마음의 문을 열어 가고 있었다.

③ 구원에 관하여

- 영생의 길

영생하는 천국, 그곳으로 가는 길은 오직 한 길뿐이다. 예수님의 희생의 공로를 덧입는 '대속' 그 한 길뿐이다. 죄 가운데 있는 사람은 스스로 자기의 죄를 없게 하지 못한다. 죄인은 자기의 쇠로 죽는 것만이 하나님의 율법이다. 그러나 죄 없는 인간은 하나도 없으니 인간의 눈으로 보면 하나님의 창조물 중에서 인간을 아주 지워야 한다는 생각도 들 수 있다.

그러나 하나님께서는 그러실 수가 없는 것이다. 하나님께서는 당신의 피조물인 인간을 사랑하시기 때문이다. 바로 여기에서 하나님의 크고 위대하신 긍휼, 예수님의 성육신이 나온 것이다. 이를 위해 오직 하나뿐인 외아들의 희생을 통하여 우리 죄인들을 속량해 주시고 천국의 길을 열어 주셨다. 그러므로 이 길이 아니고서는 천국 가는 길은 다른 어느 곳에도 없는 것이다.

다른 이로써는 구원을 받을 수가 없나니
천하 사람 중에 구원을 받을 만한 다른 이름을
우리에게 주신 일이 없음이라.
사도행전 4장 12절

다시 말해서 우리의 죄는 오직 주의 보혈로만 씻어지는 것이다. 다른 아무 것으로도 인간의 죄를 사할 수가 없다는 단호하고도 확실한 말씀이시다. 하나님은 인간들의 죄를 씻어 내기 위하여 어린 양 예수님을 제물로 희생시킨 것이다. 천국이란 우리가 돈이 없고 아무 공로가 없어도 이 진리에 감동하여 오직 그분을 따라 변화하면 갈 수 있는 곳이다. 이 진리만 진정으로 깨닫는다면 천하의 모든 것들이 문제될 것이 없다. 그 진리는 분노도 원망도 기쁨도 슬픔도 어려운 고난도 모두 다 덮어 우리로 하여금 엄청난 은혜 안에 들게 하기 때문이다.

항상 우리를 짓누르고 있는 우리의 문제들은 아무리 길어도 몇 십 년 안에 다 우리를 떠나 버릴 것이다. 우리 자체가 세상을 떠날 것이기 때문이다. 그러나 우리 인간들에게는 그것들을 넘어 영생의 길이 예비되어 있는 것이다. 사도 바울은 이 복되고도 근본된 사실을 깨달았기에 복음을 전파하는 과정에서 지중해 연안으로부터 유럽 각 지역까지 전도하며 겪었던 수난에도 포기하지 아니하고 초인적 의지와 인내로 하나님으로부터 특별한 경지에 다다르는 영성을 받은 것을 알게 되었다. 그러나 바울도 인간이기에 특별한 은사를 받으면서 가시Thorn[1]와 함께 받을 수밖에 없었다. 인간은 조금만 특별해지면 교만해지는 재질이기 때문이다. 그저 평범한 인간으로 살면서 가시를 받지 않는 것이 더 나을 수도 있지 않을까 생각도 해보지만 바울의 가시는 하나님의 뜻이고 인간의 의지대로 선택할 수 있는 것이 아니라 생각되었다.

---

1 고린도후서 12:7 하나님은 너무 자고하지 않게 하시려고 바울의 육체에 가시(질병으로 추정)를 주셨음.

신약에서는 예수님은 하나님의 아들이시고 온 인류의 구원자이심을 중심 내용으로 하고 있다. 또 이를 전도하는 사도들의 활동들이 기록되어 있다. 그리고 우리에게 예수님의 뒤를 따라 영원에 잇대어 사는 것이 무엇인지를 깨닫게 교훈하여 주심을 내용으로 하고 있다.

구약은 신약의 뿌리이기도 하다. 여러 곳에서 예수님께서 오실 것을 예언하고 있었기 때문에 구약을 보고 나면 신약은 자연스럽게 믿음으로 받아들여진다.

이처럼 예수님은 우리가 천국으로 갈 수 있는 유일한 통로이므로 그분을 통해서만 천국의 소망을 가질 수 있는 것이다.

– 십자가의 보혈

하나님은 왜 그리하셨을까?

왜 그처럼 순결하고 흠이 없는 하나님의 어린 양 독생자를 제물로 작정하셨으며 그것이 얼마나 괴롭고 큰일인지를 모르실 리가 없으셨을 텐데 어찌 자신의 아드님에게 그렇게 무자비하셨을까? 인간세상의 논리가 아닌 하나님 입장에서 인간들의 악독한 죄를 사해 주시기 위해서는 다른 방법이 없기 때문이었을까?

예수님이 우리의 죄를 대속해 주기 위해 십자가 위에서 그렇게 엄청난 고난을 당하시면서 하나님의 뜻에 순종하는 것을 생각하면 너무나 숙연해진다.

우리가 평소 아무런 생각 없이 저지르며 사는 죄들이 얼마나 크고 중한 것인지를 생각해야 한다. 지금도 나 같은 존재가 태어나 내 몫의 죄를 그분에게 얹어드리는 것이 죄송하고 송구하다는 생각이 든다.

나의 연단 기간 중에 한 번은 양재동에 있는 한사랑 교회의 이벤트행사에 참여하게 되었다. 그때 하얀 한지를 한 장씩 나눠주면서 자기가 어려서부터 지금 이 순간까지 지은 죄를 기억나는 대로 이곳에 다 쓰고 끝에는 '이 외에 내가 모르는 죄까지도'라고 기록하라 했다. 그리고 나서 그 종이를 강단 위에 세워놓은 나무 십자가에 장도리로 못을 박으라는 행사가 있었다.

죄 지은 것을 골똘히 생각하다 보니 제일 먼저 초등학교 4학년 때 친구네 집에 가서 같이 숙제를 하다가 친구의 고무지우개 하나를 몰래 가지고 온 것이 생각났다. 그 시절 6·25 사변 전후에는 우리나라 학용품의 질이 너무 나빠서 지우개로 지우거나 침을 발라 문지르면 노트가 찢어지고 구멍이 났다. 그런데 친구의 지우개는 서너 번 문지르면 깨끗이 지워졌고 노트도 찢어지지 않는 것이 너무도 신기했기에 요술고무로 느껴졌던 것이다.

아마도 요즈음 어린이들은 무슨 말인지 이해가 되지 않을 것이다. 그 친구는 그런 지우개가 한둘이 아니었다. 그 친구의 학용품은 대부분이 미제였는데 미국에서 삼촌이 보내 준다고 했다. 나는 숙제를 마치고 집에 돌아오며 그 중에서 부러진 조각 하나를 그냥 가지고 온 것이다. 이것은 좋게 표현한 것이고, 바로 말하면 고무를 훔쳐온 것이다. 지금 생각해 보니 그 친구에게 하나 달라고 해도 줄 것인데 말없이 그냥 가져온 것이 후회되는 것이다.

그때 그 친구는 그런 지우개가 빨·주·노·초·파·남·보로 무지개 색대로 있었고, 그 중에는 부러진 조각도 여러 개 있었다. 그래서 한 조각이 없어진 것도 몰랐을 것으로 생각되지만, 어찌 되었든 나로서는 도적질을 한 것이었다.

이를 비롯해서 내가 지은 죄들을 생각하니 처음에는 별로 없는 것 같았는데 곰곰 생각해 보니 이것저것 기억이 나기 시작했다. 비로소 나는 모든 죄의 첩첩산중에 둘러싸여 있음을 알게 되었다. 그 중에서도 제일 가슴 아픈 것은 돌아가신 부모님들께 잘해드리지 못한 것이었다. 죄송하고 후회가 되었다. 시댁과 친정 부모님들의 기대에 못 미쳐 드린 것은 물론이요, 너무나 인색했던 것이 후회가 되었다. 그분들 앞에 엎드려 회개하며 용서를 빌고 싶지만 이미 이 세상에 안 계시니 한으로 남을 뿐이다.

그리고 그 교회에서는 자신들이 적어낸 죄에 대해서 진정한 회개의 기도를 하라고 두 시간 동안의 회개 시간을 주었는데 모두 바닥을 치며 울부짖는 소리에 교회가 떠날 것 같았다.

나의 연단 기간 중에 이런 행사에 참여하게 된 것도 하나님의 인도라 생각되었다. 그 교회에서 3박 4일의 행사를 모두 마치고 나올 때, 행사장에서 나오는 순서대로 참석자들에게 벽에 붙은 말씀을 하나씩 떼어 주었다. 그때 내가 받았던 쪽지에는 다음 말씀이 적혀 있었다.

나는 포도나무요 너희는 가지라 그가 내 안에,

내가 그 안에 거하면 사람이 열매를 많이 맺나니

나를 떠나서는 너희가 아무 것도 할 수 없음이라.

요한복음 15장 5절

: 우상의 굴레에서
  벗어나기

① 새로운 피조물

 하나님이 주장하시는 징계의 특징은 아무리 어려운 상황이라도 누구도 어찌 손을 쓸 수 없도록 틈을 주지 아니하시는 것이다. 오직 인간이 완전히 항복하고 무릎을 꿇고 갈급한 마음으로 처절한 인내와 겸손으로 주님께 선처를 구하는 것 외에는 달리 방법이 없음을 깨달을 때까지 진행하여 가신다.

 시커멓고 거친 보리쌀을 나무절구에 넣고 수없이 빻고 빻아서 깨끗하고 부드러운 보리쌀로 만드시려는 하나님의 작업은 그 누구도 거부할 수도 없고 도와줄 수도 없게 진행하시는 것이다. 하나님이 뜻하시는 분량의 눈물과 기도를 통하여 아픔과 시련을 다 겪어 낮아지고 겸손하여 이전의 내가 아닌 새로운 피조물이 될 때까지 진행해 나가신다. 옛 것은 죽어 없어지고 새로운 피조물이 될 때까지 그 누구도 하나님의 날카롭고 서슬 퍼런 톱니의 연단을 막을 자가 없다. 서서히 움직여 들어오는 연단의 톱날에 감히 손을 넣어 그분의 진행을 막을 수 있는 사람은 아무도 없다.

그래도 정말 다행스러운 것은 그분에게는 인간을 향한 사랑과 긍휼이 넘치신다는 것이다. 만일 하나님에게 그것조차 없이 구약의 율법대로 우리를 정죄하신다면 그 앞에 살아남을 자는 아무도 없을 것이다. 의인은 없되 하나도 없다 하셨으니 말이다.

기록된 바 의인은 없나니 하나도 없으며
깨닫는 자도 없고 하나님을 찾는 자도 없고
다 치우쳐 함께 무익하게 되고
선을 행하는 자는 없나니 하나도 없도다.
로마서 3장 10-12절

그 지겨운 세월들을 지나며 괴롭고 어두웠던 모든 일이 나를 구원해 내시려는 그분의 손길이었음을 생각하니 서러움보다는 진정한 감사가 마음 가득 밀려들어 왔다. 그분이 내게 향하신 진노는 바로 그만큼의 사랑이셨던 것이다. 무섭고 매정하셨던 그분은 지난날의 나를 깨끗이 씻어내고 새로운 피조물로 만들어 주신 내 영혼의 아버지이시다. 하나님과 인간의 격차가 이처럼 크고 높으니 거룩하신 그분 곁으로 가는 길은 정말 물과 성령으로 다시 나지 아니하고는 불가능한 것이다.

이처럼 우리가 물과 성령으로 다시 태어난다면 우리의 가치관 자체가 달라지지 않을까? 우리가 이 땅에서 그렇게나 구하고 얻고자 노력하는 것들, 권력이나 명예, 재산 등은 대체로 비슷한 경향을 나타낸다. 그러나 이런 것들은 이 땅에서의 가치일 뿐 저 높은 주님의 나라에 들어가는 데는 필요조건이 아니며, 들어간 후에는 더더욱 소용이 없는 것들이다. 오히려 그런 것들은 우리를 교만하게 하고 죄 가운데 들게 하는 거추장스러운 장애들이다.

인간들이 세상을 살아가는 동안 이러한 것들을 필요 이상으로 더 많이 추구하게 되는 것은 남에게 돋보이며 자신의 우월성을 나타내려는 교만 때문이라는 생각이 든다. 자칫하면 탐욕과 계교와 무리를 동반하게 되고, 그렇게 취한 것들로는 진정한 만족을 얻을 수 없으며 오히려 행복과 삶의 평화를 해치기도 한다.

이 세상이나 세상에 있는 것들을 사랑하지 말라

누구든지 세상을 사랑하면 아버지의 사랑이 그 안에 있지 아니하니

이는 세상에 있는 모든 것이

육신의 정욕과 안목의 정욕과 이생의 자랑이니

다 아버지께로부터 온 것이 아니요 세상으로부터 온 것이라

이 세상도, 그 정욕도 지나가되

오직 하나님의 뜻을 행하는 자는 영원히 거하느니라.

요한1서 2장 15-17절

공중에 나는 새에게는 돈이나 명예보다는 벌레 한 마리가 더 필요하고 들에 핀 아름답고 화려한 백합꽃에게는 값비싼 다이아몬드 알맹이 하나보다 이른 아침 풀잎에 맺혀 있는 맑은 이슬 한 방울이 더 유용한 것처럼 하나님의 영성으로 새롭게 거듭난 모든 사람에게는 그 필요 자체가 질적으로 바뀌게 될 것이라는 생각을 했다. 그리고 성령의 인도하심을 받아 육체의 욕망을 받지 않는 새로운 사람이 되었을 때에는

사도 바울의 외침이 들려올 것이다.

그런즉 누구든지 그리스도 안에 있으면 새로운 피조물이라

이전 것은 지나갔으니 보라 새것이 되었도다.

고린도후서 5장 17절

② 깨어 있으라.

　사람들은 모두 자기의 인생이 영원한 줄로 착각하며 살고 있
다. 사람의 일생은 미래를 보면 긴 것 같아도 지난날을 뒤돌아
보면 바람이 지나가 버리는 것같이 순식간이다.

우리의 모든 날이 주의 분노 중에 지나가며
우리의 평생이 순식간에 다하였나이다
우리의 연수가 칠십이요 강건하면 팔십이라도
그 연수의 자랑은 수고와 슬픔뿐이요
신속히 가니 우리가 날아가나이다.

시편 90편 9~10절

너희는 인생을 의지하지 말라
그의 호흡이 코에 있나니 셈할 가치가 어디 있느냐.

이사야 2장 22절

　삶이 순식간에 다하며 우리의 일생이 신속히 날아간다 하였
으니 아직까지 주님을 믿지 않던 사람들도 깜짝 놀라 아주 급
한 마음으로 영생을 맞을 준비를 해야 할 것이다. 주님은 오시

는 날을 예고하거나 우리가 알게 오시지 아니하신다고 했다. 예고도 없이 어느 날 갑자기 도적같이 오신다고 성경에 기록되어 있다.

그러므로 깨어 있으라 어느 날에 너희 주가 임할는지

너희가 알지 못함이니라

너희도 아는 바니

만일 집주인이 도둑이 어느 시간에 들 줄을 알았더라면 깨어 있어

그 집을 뚫지 못하게 하였으리라

이러므로 너희도 준비하고 있으라 생각지도 않은 때에 인자가 오리라

마태복음 24장 42~44절

이렇게 늘 깨어 있어서 아무 때라도 그분을 맞을 수 있도록 준비된 자, 주인이 이경二更이나 삼경에 이르러서도 종들이 이 같이 깨어 있는 것을 보면 그 종은 복이 있으리라 하셨고 하나님의 백성들은 그분이 오시는 징조를 찾아볼 수 있다고 하였다.

예수께서 가람산 위에 앉으셨을 때에 제자들이 조용히 와서 이르되

우리에게 이르소서 어느 때에 이런 일이 있겠사오며

또 주의 임하심과 세상 끝에는 무슨 징조가 있으오리이까

예수께서 대답하여 이르시되

너희가 사람의 미혹을 받지 않도록 주의하라

많은 사람이 내 이름으로 와서 이르되

나는 그리스도라 하여 많은 사람을 미혹하리라

난리와 난리 소문을 듣겠으나 너희는 삼가 두려워하지 말라

이런 일이 있어야 하되 아직 끝은 아니니라

민족이 민족을, 나라가 나라를 대적하여 일어나겠고

곳곳에 기근과 지진이 있으리니

그때에 사람들이 너희를 환난에 넘겨주겠으며 너희를 죽이리니

너희가 내 이름 때문에 모든 민족에게 미움을 받으리라

이 모든 것은 재난의 시작이니라

그때에 많은 사람이 실족하게 되어

서로 잡아 주고 서로 미워하겠으며

불법이 성하므로 많은 사람의 사랑이 식어지리라

거짓 선지자가 많이 일어나 많은 사람을 미혹하겠으며

그러나 끝까지 견디는 자는 구원을 얻으리라

이 천국 복음이 모든 민족에게 증언되기 위하여

온 세상에 전파되리니 그제야 끝이 오리라

그러므로 너희가 선지자 다니엘이 말한 바 멸망의 가증한 것이

거룩한 곳에 선 것을 보거든(읽는 자는 깨달을진저)

그때에 유대에 있는 자들은 산으로 도망할지어다.

마태복음 24장 3~16절

여기에서 '멸망의 가증한 것'이 무엇일까?

다니엘이 무슨 말을 했을까?

성경사전을 찾아보니 시리아의 왕이었던 안티오쿠스가 유대 종교 말살을 위해 B.C. 167년에 성전의 제단을 헐고 그곳에 제우스 신상을 세우고 돼지를 제물로 바친 일을 말한다. 또 디더스가 이끄는 군대가 예루살렘을 점령한 후에 독수리의 휘장이 새겨진 그들의 군기를 거룩한 곳에 꽂은 사건도 있었다A.D. 70. 누가복음 21장 20절.

아무리 예수님이 오셔서 성령시대가 왔다 할지라도 구약시대 지성소의 두려워 떨리는 그 권위는레16:2~34 어디로 간 것인가?

이러한 사건들을 보면서 하나님의 진노를 어찌 감당할 것인지 두려운 생각이 들었다. 이 정도 되면 우선 산으로라도 도망하라는 말씀이 맞을 것 같다. 지붕 위에 있는 자들은 집안에 있는 물건을 가지러 내려가지 말며 밭에 있던 자들은 겉옷을 가지러 뒤로 돌이키지 말라고까지 했다.

이처럼 하나님을 믿는 자들은 말씀을 통하여 여러 가지 징조들을 볼 수 있으니 시대를 분별하며 깨어 있어 준비를 하고 있어야 하지 않을까? 그분이 오시는 이 땅의 마지막 날은 북한에서 미사일 몇 개를 쏘며 공격해 오는 그런 정도의 난리가 아니다. 아예 하늘이 두루마리처럼 말려 올라가고 땅이 녹아내린다 하였으니 도대체 우리는 어디에 어떻게 존재할 수 있을 것인가!

주님께서는 이처럼 무서운 재앙이 닥칠 때 주님을 영접하지 않은 자들의 공포를 비웃으시겠다고 하셨다. 아무리 바쁜 현실을 살아가는 사람들이라도 잠시 손을 멈추고 요한계시록을 한 번만이라도 읽고 묵상하여 보면 많은 것을 깨닫게 될 것이다.

일곱 나팔과 일곱 대접의 재앙을 감당할 수 있는 사람이 도대체 누구인가? 오직 그 무서운 재앙 중에서 우리를 구원하시기 위해 오신 예수 그리스도를 붙드는 것 외에는 그 어떤 대책도 없는 것이다.

그래도 참으로 다행스러운 것은 주님은 우리를 사랑해 주시고 긍휼히 여기셔서 우리가 진실로 그분을 구하기만 하면 우리의 손을 잡아 어두움의 자리, 멸망의 자리에서 빛 가운데로 이끌어 내시고 징책懲責하시며, 자기의 이름을 위하여 우리를 맑은 물로 씻어 정결케 하시며 의의 길로 인도하여 주신다. 이것은 나의 연단 중에 깨달은 체험적 간증이다. 멸망의 자리에서 우리를 빛 가운데로 인도하여 내시지 않고 끝까지 우리를 율법의 정죄 앞에 버려두신다면 우리는 멸망의 자리, 불지옥의 자리에 영원히 있을 수밖에 없을 것이다. 이러한 사실을 믿고 심령에 깨달음이 있는 자는 진정으로 복된 자이며 깨달음을 행위로 옮기는 자는 더더욱 축복된 자라 할 것이다.

인간은 죽는 것이 문제가 아니라 죽은 후가 문제이다. 인간이 죽는다는 것은 한시적인 육신만 죽는 것이지 영혼은 영원히 죽지 않는다는 것을 아는 것은 매우 중요하고도 복된 일이다. 육신이 사는 것은 길게 잡아서 백 년이지만, 영혼이 사는 것은 글자 그대로 영원이다.

그런데 죽음을 준비하는 것을 보면 대부분이 좋은 수의를 준비하고, 유명하다는 지관을 불러다 고가의 명당자리를 찾아다니며 구하여 놓고, 재산 정리를 하고, 유언을 남기는 일이 준비의 전부이다.

그러나 이러한 것들은 성경에서 말씀하신 준비와는 아무런 상관이 없는 일들이다. 주님이 '네가 들어갈 명당자리는 구해 놓고 왔느냐?' '수의는 얼마나 좋은 것을 입고 왔느냐?' '재산은 네 자식들에게 잘 분배하도록 유언을 남기고 왔느냐?' 하고 물으시겠는지 생각해 보자.

우리의 육신은 일등품짜리의 질 좋은 삼베가 아니라 황금 베로 싼다 해도 죽으면 흙으로 돌아가게 마련이다. 이것은 하나님의 창조 섭리이기 때문에 예외가 없되 하나도 없다. 마지막 날에 오실 그분을 위하여 허리에 띠를 띠고 등불을 켜고 서 있으라는 말씀과는 아무런 상관도 없는 일들이다. 즉 영생을 위한 준비와는 아무 상관이 없는 일들이다.

주께서 사람을 티끌로 돌아가게 하시고 말씀하시기를

너희 인생들은 돌아가라 하셨사오니

주의 목전에는 천 년이 지나간 어제 같으며

한 순간뿐임이니이다.

시편 90장 3, 4절

그렇다면 밤의 한 순간만도 못한 인생 백 년에 모든 것을 걸고 살아가는 어리석은 모습에서 벗어나 하늘나라의 영원한 삶을 위해 준비하며 주님이 오실 날을 놓치지 않기 위해 깨어 있는 삶을 살아가야 할 것이다.

③ 돈으로 살 수 없는 천국

나의 가까운 친척 한 분은 정말 재력가셨다. 강남지역이 개발되기 전 우리나라의 최고의 상권이요 중심지였던 을지로 입구 중앙극장 앞의 땅과 명동입구 롯데백화점 왼쪽 금싸라기 땅들이 모두 다 그분의 소유였다. 혼다 오토바이를 일본에서 최초로 들여와 타고 다녔고 커피 프림 공장을 우리나라에서 제일 먼저 세우신 분이었다고 들었다.

6·25 전에 이미 그의 집은 입식 부엌과 수세식 화장실을 갖추고 있었다. 뿐만 아니라 원자탄의 공격에 대비하여 지하에 진입로를 일곱 번 직각으로 꺾어 만든 방공호를 설치해 놓았다고 했다. 집안에는 불상을 모셔 놓고 부처님이 영험하려면 금을 먹어야 한다며 가끔 금을 사다가 부처의 머리 부분의 뚜껑을 열고 몸통 안에 집어넣어 금이 불상의 가슴까지 차올랐다는 이야기도 들었다.

그런데 어느 날 시골 어른 환갑잔치에 다녀오기 위해 자동차보다 비싸다는 오토바이를 타고 집을 나가신 것이 그분의 마지막이 되었다. 그분은 성능이 좋은 오토바이를 타고 비포장 시골길을 붕붕 거리며 땅에서 반은 뜨듯이 고속으로 달려가다가 그만 큰 고목을 들이받아 변을 당하고 말았다.

그분이 갑자기 돌아가시자 그 집안은 풍비박산이 되었다. 회사의 모든 자산과 경영은 내용을 알고 있던 최측근 몇 사람의 손에 넘어가 버렸다. 그리고 아무것도 모르는 순진한 그분의 가족은 졸지에 어려운 형편이 되었고 그분과 연관이 있었던 우리까지 마포 쪽으로 나가 살게 되었다.

그분은 자녀들이 여럿 있었는데 가족들의 입장에서는 기가 막히고 억장이 무너지는 일이었지만 죽은 자는 말이 없으니 무엇을 어찌해 볼 도리가 없이 모든 일은 그 측근들의 손에서 그들의 뜻대로 처리되고 말았다. 쉽게 말해서 그 측근들은 큰 횡재를 했던 것이다.

우리가 이주해 나가서 살게 된 그 시절의 마포나루는 정말 시골 어촌 마을이었다. 새우젓을 비롯한 수산물이 마포나루에 들어오는 덕분에 손바닥만한 생조기와 알맞게 마른 굴비는 싼 가격에 많이 먹었던 기억이 난다.

살아 계실 때에는 날아가는 새도 떨어뜨릴 정도로 무소불위의 능력과 권위를 가지셨던 분이었지만 하루아침에 허망하게 부서지는 물거품같이 되어 버렸던 것이다.

마치 굶어 죽은 사자 앞에 송아지 한 마리를 갖다 놓아 주어도 아무런 소용이 없듯이 인간도 일단 죽은 후에는 살아 있을 때 자신의 의지와는 상관없이 영혼 주관자의 손에 모두 맡겨지는 것이다.

사후 영혼의 세계는 하나님의 영역이다. 살아서 하나님을 받아들이지 않은 자들에게는 필연적으로 심판이 뒤따르게 된다.

죽은 자들의 영혼 속에 하나님의 계명으로 아홉 가지 열매[2]의 성향이 전혀 없이 그분의 보혈의 공로를 입지 못한 자들은 어찌해야 좋을지?! 예수님의 대속에 힘입어 죄의 씻김이 없는 자들은 하나님의 나라에 결코 들어갈 수 없는 것이다.

이제라도 늦지 않았으니 우리 모두는 절대자이신 그분을 내 삶에 영접해 들이고 예수님이 우리의 죄를 대신하여 돌아가셔서 우리가 죄 씻음을 받아 정결하게 되는 하나님의 작정대로 그분의 계명에 순종해 가는 것만이 진정한 영생을 준비하는 것이다. 이것만큼은 그 누구라도 반드시 꼭 믿고 실행해야만 하는 것이다. 성경의 이 대목만큼은 세상의 일이 아니고 제 삼층

---

2 갈라디아서 5:22~23

하나님의 세계에 들어가는 필수 조건이다. 그렇기 때문에 우리가 생각하는 이 땅의 이론과 지식으로 따지지 말고 순수하게 어린아이처럼 받아들이고 순종하면 그의 삶은 보이지 아니하시는 절대자 하나님께서 후회 없는 삶과 사후를 영원히 보장해 주실 것이다.

세상을 떠난 후에는 생전에 자랑하던 학문이나 지식, 명예나 권력 등은 아무런 소용이 없는 것들이다. 이런 것들로부터 벗어나지 못하는 사람은 마치 누에고치 속의 번데기와도 같다 할 수 있다. 그러한 것들은 이 세상에서나 필요한 것들이지 천국에서는 화폐개혁 후의 구권보다도 더 쓸모가 없음을 알아야 한다.

하나님께서 심판하실 때, 어느 대학을 나왔는지, 직책이 무엇이었는지, 또 얼마나 좋은 일을 했는지도 묻지 않으신다. 왜냐하면, 천국은 행위로 가는 것이 아니라 믿음으로 가는 것이기 때문이다. 하나님의 독생자이신 예수 그리스도의 보혈로 자신이 죄 씻김을 받은 확신이 있어야 한다. 즉 하나님 아버지께서 사랑하는 외아들을 속제물贖祭物로 삼아 우리의 죄를 대속해 주셨다는 사실을 확실하게 믿고, 나의 죄는 예수께서 모두 거두어 가셨다는 새로운 피조물의 확신을 가지는 것이다.

천국은 죄악이 넘치는 세상을 향하여 자물쇠를 걸었다. 이 자물쇠를 여는 열쇠가 곧 예수님이시며 그분의 희생을 통한 대속만이 구원의 길이요, 영생으로 통하는 문임을 믿어야 한다.

지혜가 길거리에서 부르며 광장에서 소리를 높이며

시끄러운 길목에서 소리를 지르며

성문 어귀와 성중에서 그 소리를 발하여 이르되

너희 어리석은 자들은 어리석음을 좋아하며

거만한 자들은 거만을 기뻐하며 미련한 자들은 지식을 미워하니

어느 때까지 하겠느냐

나의 책망을 듣고 돌이키라 보라

내가 나의 영을 너희에게 부어 주며

내 말을 너희에게 보이리라

내가 불렀으나 너희가 듣기 싫어하였고

내가 손을 폈으나 돌아보는 자가 없었고

도리어 나의 모든 교훈을 멸시하며 나의 책망을 받지 아니하였은즉

너희가 재앙을 만날 때에 내가 웃을 것이며

너희에게 두려움이 임할 때에 내가 비웃으리라.

잠언 1장 20~26절

예레미야 선지자를 통해서도 순종이 현명한 자세임을 가르치고 계신다.

오직 내가 이것을 그들에게 명령하여 이르기를

너희는 내 목소리를 들으라 그리하면 나는 너희 하나님이 되겠고

너희는 내 백성이 되리라 너희는 내가 명령한 모든 길로 걸어가라

그리하면 복을 받으리라 하였으나

그들이 순종하지 아니하며 귀를 기울이지도 아니하고

자신들의 악한 마음의 꾀와 완악한 대로 행하여

그 등을 내게로 돌리고 그 얼굴을 향하지 아니하였으며

너희 조상들이 애굽 땅에서 나온 날부터 오늘까지

내가 내 종 선지자들을 너희에게 보내되 끊임없이 보내었으나

너희가 나에게 순종하지 아니하며 귀를 기울이지 아니하고

목을 굳게 하여 너희 조상들보다 악을 더 행하였느니라

네가 그들에게 이 모든 말을 할지라도

그들이 너에게 순종하지 아니할 것이요

네가 그들을 불러도 그들이 네게 대답하지 아니하리니

너는 그들에게 말하기를

너희는 너희 하나님 여호와의 목소리를 순종하지 아니하며

교훈을 받지 아니하는 민족이라

진실이 없어져 너희 입에서 끊어졌다 할지니라.

예레미야 7장 23-28절

이 말씀은 세상 논리와 그 모든 지식들 위에 계시니 우리는 깊이 묵상하고 순종해야 할 것이다. 누구라도 예수님의 십자가 상의 대속代贖을 받고 감사와 감동을 받고 순종하면 그는 마지막 날 심판의 불 칼이 그를 해하지 아니하고 못 본 척 넘어가리라. 유월절 어린 양의 은혜를 기억하라. 이 엄청나고도 기막힌 은혜가 우리 앞에 값 없이 놓여 있어도 우리는 외면하고 등을 돌리고 아무 것도 아닌 허탄한 것들을 따라 바쁘게 쫓아다닌다.

이 세상을 살면서 죄가 없는 자는 없기 때문에 의인은 없되 하나도 없다 하셨다. 믿지도 아니하고 대속도 받지 아니하는 자는 어리석고 교만한 자이다. 하나님은 이런 자들을 가려내시려고 마지막 때에 심판을 하시는 것이다. 도대체 이보다 더 급하고 중요한 일이 어디에 있겠는가!

④ 신비로운 이상(異像)

매섭게 춥던 어느 날, 그날도 도서실에서 책을 보다가 시간을 보니 다섯 시가 아직 안 되었는데도 11월 하순의 초겨울 날씨는 매우 무겁고 어둑어둑한 가운데 금방 눈이라도 쏟아질 듯 하늘이 낮게 드리워져 있었다. 그래서 좀 일찍 집으로 돌아가려고 하는데, 교회에서 대학 입시생들을 위해 기도해 달라며 입시생들의 이름이 적힌 인쇄물을 한 장씩 나누어 주었다. 그래서 그것을 받아들고 도서실 바로 앞에 있는 예배실로 들어갔다. 아무도 없는 예배실은 컴컴하고 춥고 을씨년스러웠지만, 그래도 교회의 요청에 순종하기 위하여 신발을 벗고 이마를 땅에 대고 입시생들을 위해 중보기도를 했다. 신발은 의도적으로 벗은 것이 아니라 신발을 신고 엎드리니 뒤축이 높은 데다가 예배실 바닥이 앞쪽으로 낮게 기울어져 있어서 불편했다. 그래서 신발을 벗고 엎드려 기도를 하다 보니 자연스럽게 이마가 바닥에 닿았다. 호렙산 떨기나무 불 앞에서 모세에게 '신을 벗으라' 하신 하나님은 내게도 신발을 벗고 이마를 땅바닥에 대는 모습으로 기도하기를 원하셨던 것 같다.

"하나님 아버지! 입시생들을 위한 기도를 받으소서.

지금부터 호명되는 아이들의 이름을 기억하시고 그들에게 각별한 은혜를 내려 주소서. 이 아이들은 모두 하나님을 두려워하면서도 사랑하는 하나님 백성들 가정의 아이들입니다. 이들이 보는 시험은 그들의 전 생애에서 보는 어떤 시험보다도 중요한 시험이오니 가장 잘 보는 시험이 되도록 붙들어 주시옵소서.

주님! 그들에게 삶의 목표를 확실히 갖게 하여 주시고 그들이 그 목표를 이루기 위하여   스스로 공부하려는 열정과 욕망을 가지게 하여 주소서.

미래에 대한 갈급한 소망을 부어 주셔서 스스로 공부하려는 마음을 갖게 하시고 이것이 장차 주께로부터 받은 그들의 의가 되게 하시며 기업이 되게 하소서.

그들에게 지혜와 총명을 내려 주시어 시험을 마치고 나와 기뻐 뛰게 하소서. 그리고 하나님께 머리 숙여 감사와 찬양을 드리는 영광을 받으소서! 너무 오랜 기간 지쳐 있는 아이들을 불쌍히 여기시며 긍휼을 베푸소서!

특히 재수·삼수 하는 수험생들이 포기하거나 낙망하지 않게 하여 주시고 앞날을 활짝 열어 주시옵소서!

긍휼이 많으신 예수 그리스도의 이름으로 기도하나이다.

아멘!"

이렇게 기도하고 1구역 김영석, 이유진, 김아진,
　　　　　　　　　2구역 이수영, 오인석, 김○○
　　　　　　　　　3구역 ○○○, ○○○
　　　　　　　　　4구역 ○○○

하고 종이에 적힌 수험생들의 이름을 하나하나 부르는 중에 내 눈앞에 갑자기 이상異像이 펼쳐졌다. 불과 몇 초간의 짧은 시간인데도 많은 것이 보였고 기억에서 지워지지 않을 정도로 확실하게 보였다. 나는 노트에 그 이상을 본 대로 그려 보았으나 잘 되지 않았다. 원근을 나타낼 수가 없었고 그림 속에 나타난 입체적 의미와 시간성을 나타낼 수가 없었다.

그 광경은 마치 88올림픽 경기장과도 같이 넓은 장소에 사람이 가득 있었는데, 금방 그 광경이 바뀌며 내가 스스로 나올 수 없게 갇혀 있는 어느 미로와도 같은 곳에서 포클레인이 나를 퍼내어 밖에다 내려놓고 삽날을 쾅쾅 땅에 대고 털었다. 퍼내어진 내가 너무 더러워서 삽날에 묻은 오물을 털어내는 것 같은 느낌이었다. 그리고 내가 밀려들어갔던 연단의 터널에서 건져 올려지는 것 같은 기분이 들었고, 우상을 섬겼던 나의 마음을 책망하시는 것으로도 느껴졌다.

그 갇혀 있던 곳에서 떠올려져 나와 두리번거리며 살펴보니 큰 기둥들이 여기저기에 서 있었다. 그 중 하나의 기둥에 작고 짙은 갈색 나무 십자가가 기대어 있는 것이 보였다. 순간, 그 기둥을 쳐다보면서 그 위에는 무엇인가 있을 것 같아 위로 올라가야 하겠다는 생각이 들었으나 너무 높아서 올라갈 수가 없었다. 마치 아이들의 동화책에서 보았던 그림같이 아주 높은 산모퉁이 같았다.

내가 보았던 그 십자가라도 딛고 올라가 볼까 했지만 십자가는 너무도 짧았고, 또 어찌 내가 감히 십자가를 발로 디딜 수가 있을까 하며 망설이고 있는데, 어느 새 나는 그 기둥들보다도 더 높은 곳에 들어 올려 있었다. 그곳에서 내려다보니 여기저기 서 있는 기둥들의 위 끝들이 발아래 보이는데, 그 기둥들의 끝에는 아무것도 없었지만 십자가가 기대어져 있던 기둥 위에는 널따란 공간이 연결되어 펼쳐져 있었고, 깨끗하고 넓은 공간에는 두 줄로 마련된 빈자리가 있었다. 나는 여기가 무슨 자리인지 어리둥절해졌다. 그래서 마음속으로, '주님! 여기가 어디이며, 이런 자리가 마련되어 있는 것을 왜 저에게 보여 주십니까?' 하면서도 '아! 여기 빈자리에 사람들이 와서 앉으라는 것인가 보다.'라는 생각이 들었다. 그래서 '사람들을 불러와야지' 생각하고 밑으로 내려가려고 하는데 나는 이미 아까 있던 아래 자리로 내려져 있었다. 위에 있던 그 자리들은 구원 받을 자들을 불러다 앉게 할 자리이며 내게 보이신 자리는 내가 채워야 할 자리라는 생각이 들었다. 그리고 방금 내 앞에 펼쳐졌던 이상異像에서 깨어나듯 정신을 차리고 묵상을 해 보니 이 기둥들은 여러 종교의 교리를 상징하는 것이었다.

예를 들어, 불교는 부처님의 자비, 유교는 공자와 맹자의 인仁, 천주교는 성모 마리아, 원불교는 동그라미 형상의 진리, 기독교는 예수 그리스도의 대속代贖 등, 각 종교의 교리를 이렇게 기둥으로써 나타낸 것이었다. 그리고 인생을 사는 동안 각각의 교리에 따라 바르게 살라는 가르침을 상징적으로 나타내는 것이었는데, 특히 기독교는 마지막 날엔 반드시 심판과 구원으로 마무리가 될 것임을 보여 주는 것이라 생각되었다.

나는 그때 하도 신기한 마음이 들어 다시 엎드려 기도를 드렸다.

"하나님께서 저에게 보이신 이 빈자리들의 의미를 확실히 알지 못하겠나이다. 깨달음을 주소서!" 하며 엎드려 있는데, "네 시댁과 친정식구들을 구원하라. 빈자리들은 그들이 앉을 자리이니라. 두 줄 중 한 줄은 네 시집식구들의 자리이고 또 한 줄은 네 친정식구들의 자리이니라." 하는 생각이 들어왔다. 그리고 다시 생각해 보니 한 줄에 대충 7~8여 명의 자리가 마련되어 있었음을 볼 때 대략 15~20여 명 정도를 구원하라는 뜻으로 생각되었다.

　아주 잠깐 사이의 짧은 시간에 이상을 보았는데도 내용이 너무나 선명하고 많았다. 분명히 꿈을 꾸거나 졸면서 본 것이 아니었고 선교관에서 기도 중에 보았으며 그 모습들은 지금도 내 머릿속에 그대로 생생하게 남아 있다. 나는 그 이상이 하도 특이해서 본 날을 기록해 놓았다. 1996년 11월 5일이었고, 시간은 오후 4시 반경, 장소는 선교관 2층 제1예배실이었다.

이 예배실에서는 가끔 결혼식이 치러졌는데, 교회에서 하는 결혼식은 모두 다 이곳에서 치러졌다. 우리 큰아이도 이곳에서 결혼식을 올렸다. 우리 아이가 이곳에서 결혼식을 올리던 당시에 남편은 이 교회에 다니기는 했어도 아직 세례를 받지 않았었다. 자녀들이 이 교회에서 결혼식을 하려면 부모가 다 세례교인이어야 하므로 남편도 당회장 목사님께 세례를 받았었다.

이상을 본 그날도 누군가의 결혼식이 막 끝나고 청소까지 마친 때라서 어둑어둑했지만 무언가 모르게 정결하고 상큼한 느낌이 들었던 것으로 기억한다.

나는 그 후 시댁과 친정식구들 몇몇에게 전도를 시도해 보았으나 그들은 너무나도 완강하였다. 시어머니의 장례 때에도 나는 교회장으로 목사님을 모시고 성도들이 찬송을 부르고 있었지만 장손 쪽에서는 절에서 준비해 온 붉은 천을 관 위에 덮었다. 그들이야말로 예수의 '예' 자도 꺼내지 못하게 거부했다. 하긴 나도 한때는 그러했으니 이해할 만도 하다. 전도라는 것이 그렇게 쉽지 않은 것을 실감하며 나의 노력으로만 될 일이 아니라고 생각했다. 그들도 나처럼 하나님께서 직접 오셔서 주의 강권으로 역사하셔야만 꺾일 것 같다는 생각이 들었다.

⑤ 부모님 전도

– 시어머니 전도와 흰옷 입은 천사

그러는 중에도 할 수 있는 데까지는 하려고 기회를 엿보다가 먼저 양가의 어머니들을 전도 목표로 삼았다. 시어머님은 94세이셨는데 돌아가시기 두어 달 전쯤 전도의 말씀을 드렸다.

"어머니! 인간은 누구나 반드시 죽게 되어 있어요. 만일 안 죽는 사람이 있다면 우리도 억울해서 죽을 수 없겠지만, 단 한 사람도 예외가 없으니 우리도 어쩔 수 없이 죽어야 해요. 성경에는 구약의 아주 오래 전에 에녹이라는 사람이 하나 있긴 했는데, 그것은 우리와는 상관없는 아주 먼 옛날이야기이고, 예수님이 이 땅에 오신 이후 성령시대에는, 모든 육체는 하나님 말씀대로 흙으로 돌아가는 것이 기본 원칙이에요. 인간뿐만 아니라 살아 있는 것은 언젠가는 모두 다 꼭 죽게 되어 있어요. 인간을 비롯해서 동물도 그렇고, 장수의 상징인 악어나 거북은 물론, 몇백 년을 살아온 거목들까지도 결국은 죽게 되는 것을 어머니도 보셨을 거예요. 어머니의 친구분들이나 그동안 가깝게 지내셨던 분들도 대부분 다 돌아가셨지 않아요? 어머니 돌아가시고 나면 다음은 저희 차례예요."

이렇게 말씀 드리면서 어머니 표정을 살펴보니 아주 진지하게 듣고 계셨다.

"어머니, 사람이 죽으면 육신은 땅에 묻혀 흙으로 돌아가지만 그것이 끝이 아니라 영혼은 영계로 들어가서 영원히 살게 되어 있어요. 어머니도 이 세상을 다 사신 후에는 어머니의 영혼이 하늘나라에 있는 영계로 들어가시게 되어 있어요. 그런데 영계에는 하나님과 그분의 아들 예수님께서 주인이신 천국이 있고, 그 두 분이 함께 계시지 않는 지옥이 있어요. 천국은 하나님과 예수님이 주인이시기 때문에 그 두 분을 믿어야만 들어갈 수 있고, 그 두 분을 믿지 않는 영혼은 그분들이 마련한 천국에 들어갈 수 없어서 지옥으로 떨어지게 돼요. 어머니는 천국으로 가실래요, 아니면 지옥으로 가실래요? 어느 곳으로 가고 싶으세요?"

이렇게 여쭈어 보니 어머니께서는 아주 작은 목소리로 "천국"이라고 대답하셨다.

천국에 가시려면 그곳의 주인이신 하나님과 예수님을 믿어야만 들어갈 수 있는데 하나님을 믿으시겠느냐고 여쭈었더니 생각보다 쉽게 믿으시겠다고 고개를 끄덕이셨다. 그래서 우리 교회의 목사님을 모셔다가 세례를 받으시게 해드렸더니 목사님의 세례문답에 분명한 목소리로 "아멘! 아멘!" 하시며 만족해 하셨다.

그뿐만 아니라 더욱 놀라웠던 것은 어머니는 당신께서 오랫동안 목에 걸고 계시던 부처님 목걸이를 내 것처럼 십자가 목걸이로 바꾸어 달라고 하시는 것이었다. 내가 오래전에 만들어 드렸던 목걸이인데 금방에 가지고 갔더니 그동안에 닳았는지 3푼이 부족했다. 그래서 거기에 3푼을 채워서 3돈짜리 십자가 목걸이로 다시 만들어 걸어 드렸더니 매우 흡족해 하셨다.

열매에 비유하자면, 어머니는 다 익어서 떨어지기 직전의 열매이셨다. 이처럼 준비된 자를 놓쳐서 구원을 받을 수 없게 했더라면 그 책임이 얼마나 무거웠을까를 생각하니 아찔하게 느껴졌다. 우리 시어머니는 참으로 복이 많으시고, 때를 놓치지 아니하신 분이라고 생각했다. 그분은 1999년 1월 1일, 새해를 여는 제야의 종이 울리고 나서 두어 시간 있다가 하나님의 부르심을 받고 아주 깨끗하고도 평화로운 모습으로 천국으로 가셨다.

돌아가시기 이삼일 전부터 "밖에 흰옷 입은 사람들이 와 있으니 그들이 춥지 않게 이불을 가져다 주라."고 하셨다. 그래서 밖을 내다봐도 아무도 없는데 자꾸 말씀하셔서 몇 번 더 방문을 열어 봤지만 역시 아무도 보이지 않았다. 나중에 생각해 보니 어머님을 모시고 갈 주主의 천사들이 와 있었지만 내 눈에는 보이지 않았던 것 같다.

어머니는 94세 되시는 새해 1월 1일 새벽에 돌아가셨는데, 그날부터 장례를 마치는 날까지 일기가 너무나도 맑고 봄날처럼 따스했다. 봄날 중에도 아주 밝고 화창한 날 같아서 아이들이 산소 주변의 잔디 위를 마구 뒹굴며 놀았을 정도였다.

어머님은 목사님의 물음에 또박또박 "아멘! 아멘!"으로 화답하며 주님을 영접하셨으니 구원을 받고 하나님 나라로 가셨다는 확신이 선다. 돌아가시기 직전이라도 이렇게 구원받으실 수 있도록 어머니를 하나님 앞으로 전도해 드린 것은 마지막 나의 효도였고, 참으로 다행스러운 일이 아닐 수 없다.

그러나 막상 어머니께서 돌아가시고 나니 평소에 잘해 드리지 못한 일들만 떠올라서 마음이 많이 아팠다.

"어머니, 정말 죄송해요. 어머니 앞에서 외식外飾하며 불경했던 지난 날들을 생각하면 저는 정말 나쁜 인간이었어요. 저를 용서해 주세요! 천국에서 만나면 어머니를 어찌 뵈올지 걱정이 앞섭니다. 저와 저희 아이들을 그렇게도 사랑해 주셨는데도 저는 그만큼 어머니를 사랑해 드리지 못했어요. 아니, 때로는 싫어하기까지 했습니다."

나는 남이 볼까 봐 뒤꼍 굴뚝 앞에 혼자 서서 많이 울었다. 우는 것도 가증스러운 것 같아서 마음이 더욱 괴로웠다. 그리고 '어머니에게 죄스러웠던 것들을 당신 아들에게 더 잘해 줌으로써 다 갚으리라' 다짐했다.

– 친정어머니의 구원

다음은 우리 친정어머니의 전도와 구원 과정이다.

친정어머니는 오랜 세월 동안 열성적인 신앙 때문에 절에 가시기도 하셨지만, 그보다는 절에 가서 친구들을 만나는 것을 더 좋아하셨던 것 같다. 그런데 언제부터인가 내 눈치가 보여서인지 그렇게 열심이시던 절에 못 나가셨다. 그것이 답답하셨던지 하루는 어머니가 나에게 이렇게 말씀하셨다.

"애야, 나는 절에도 못 가고 교회에도 안 가고 있으니 어느 귀신이 나를 붙들어 갈지 모르겠구나!"

나는 깜짝 놀랐다. 어머니가 영적으로 공백을 느끼셨나 보다.

아니, 그보다는 절 친구들을 만나지 못해 고독하셨던 것 같다.

'그렇다면 우선 사람들을 만나게 해 드리고, 다음은 주의 섭리하심을 기도로 구하자.'고 생각했다.

나는 그 말을 듣는 즉시 어머니 집에서 가장 가깝고 위험한 차도를 건너지 않고도 다닐 수 있는 교회에 모시고 가서 등록을 시켜 드렸다. 그리고 몇몇 교인들에게 식사를 대접하면서 어머니와 인사를 나누는 시간도 마련해 드렸다. 다행히도 그 교회에는 어머니 또래의 노인이 많이 계셨다. 그분들이 친절히 대해 주시니 엄마는 좋아하시면서 교회를 열심히 다니셨다.

그리고 어느 날 어머니께서, "어멈아, 기도를 어떻게 하는 것이냐?" 하며 나에게 물으셔서 이렇게 알려드렸다.

"엄마가 30여 년 동안 부처님께 기도하는 것과 똑같이 마음의 소원을 예수님께 아뢰되, 중요한 것은 이제 기도를 받으시는 분이 부처님이 아니고 예수님이라는 것을 확실히 아시고, 기도를 다 하시고 나서 끝에는 반드시 '예수님의 이름으로 기도 드리나이다.' 하면 돼요. 예수님은 하나님의 아들이시니까 하나님은 자기 아들의 이름으로 기도해야만 받으셔요."

친정어머니는 그 후로 교회를 열심히 잘 다니셨다. 그리고

85세에 돌아가시면서 "예수님이 나를 이렇게 안아 가신다."고 했다면서 팔로 껴안으시는 시늉을 하셨고, 유언으로 교회장으로 치러 달라고까지 말씀하셨다. 그것도 기독교에 강한 거부감을 가지고 있는 딸에게 유언까지 하셨다. 우리 오남매도 불교, 기독교, 무교로 갈려 있었기에 어머니는 교통정리를 확실히 하시고 돌아가셨다. 어머니도 참으로 복이 많으신 분이라고 생각된다.

나는 어머니와 아버지에게 뼈저리게 죄송스러운 마음이 있었다.

어려운 살림 중에도 나를 대학까지 공부시키셨지만, 부모님의 기대에 못 미쳐 드린 것과 평소 인색하게 대했던 날들을 생각하면 가슴이 아프다. 돌이켜 생각해 보니 나는 도대체 단 한 가지라도 부모님들에게 흡족하게 해 드린 것이 무엇이 있었단 말인가! 참으로 나는 악하고 가증하지 않았나 하는 생각이 나를 괴롭혔다. 두 분이 모두 돌아가시고 나니 더욱 마음에 사무쳐 지금도 가시처럼 내 마음을 찌른다.

"엄마, 아빠! 정말 죄송하고 또 죄송해요!!"

나는 큰소리로 엉엉 울었다. 수양관 기도실에서 소리 내어 울고 또 울어도 속이 풀리지 않고 엄마 아빠가 보고 싶었다.

친정과 시집의 양가 어머니 두 분께서는 모두 천국에 계심을 확신한다. 기도할 때엔 언제나 마음이 평안하고 잘 가셨다는 생각이 들기 때문이다. 어차피 누구나 예외 없이 돌아가는 것이라면 천국으로 가셨으니 감사가 넘친다.

– 친정아버지의 전도

우리 아버지는 성격이 매우 깔끔하시고 반듯하신 분이셨다. 무엇을 해 달라, 어디가 아프다 등 자식들한테 부담을 주는 말씀을 들어 본 적이 없다. 지금 나도 나이가 드니 치아가 약하고 눈도 불편하고 무릎관절도 수술을 했는데 아버지는 팔십 중반에 이르도록 단 한 번도 어디가 불편하다는 말씀을 하지 않으셨다.

아버지는 자식들에게뿐만 아니라 주위 사람들에게도 불편을 주지 않으려고 노력하시는 분이셨다. 6·25 전쟁을 겪으면서도 우리에게 하나라도 더 먹이고 더 입히시려고 애를 쓰시면서 옳지 않은 일은 일체 보이지 않으셨다. 그 어려운 전쟁 중에서도 우리 다섯 남매를 키우시려니 얼마나 힘이 드셨을까? 아버지는 돈이 생기면 제일 먼저 쌀과 연탄부터 많이 사들이셨다. 그 시절의 우리나라 경제는 시골에서 입을 덜기 위해 서울로 올라온다는 말이 있을 정도로 어려웠다.

다음에는 굴비와 멸치를 사셨는데, 우리가 마포나루 근처에 살았기 때문에 굴비와 멸치 값이 떨어지는 철과 구입 경로를 아셨던 것 같다. 그때 우리 오남매는 한참 성장할 때여서 다섯이 경쟁하듯 먹어대다 보니 아버지가 굴비 한 마리를 제대로 드시는 것을 보지 못했다.

"나는 이것이 제일 맛있다." 하시며 굴비의 내장만 잡수시기에 나도 한번 뺏어서 먹어 봤더니 너무도 맛이 없었다. 그때 나는 아버지는 식성도 참 이상하시다고 생각했을 뿐, 그 뒤에 숨겨진 아버지의 사랑은 전혀 깨닫지 못했었다. 아마 그것이 맛있었더라면 그것마저 내가 먹으려 했을 것이다.

'사랑은 이처럼 잔인한 희생이었구나!' 하고 가슴 아프게 깨달았을 때는 이미 아버지께서 이 세상을 떠나신 후였다. 불쌍한 우리 아버지!!

돌아가시기 전에 아버지에게도 전도를 했었다.

어머니에게 한 것처럼 천국과 지옥 이야기도 했고, 정확한 여러 가지 자연질서의 순환과, 그 계절을 따라 피고 지는 나무와 열매들은 왜 그렇게 해를 거듭해도 질서대로 되는지, 같은 자리에서 같은 빗물로 자라는 열매가 왜 하나는 밤이 달리고 하나는 감이 달리는지. 이 모든 것이 하나님의 창조 섭리임을 말씀 드렸다.

아버지에게는 좀 더 이론적으로 말씀드렸다. 낮과 밤의 교차와 봄과 여름, 가을과 겨울이 어김없이 찾아와서 그 계절을 따라 각종 열매와 환경의 변화가 질서정연한 것은 다 하나님의 창조원칙이 있기 때문이라고 말씀드렸다. 각종 과일과 야채의 종류는 누가 그 질서를 세워 계절을 따라 자라며 이 땅이 그대로 순환하며 유지해 가는지를 설명해 드렸다. 바닷물이 땅보다 두 배 이상 많아도 왜 땅이 물에 안 잠기고 우리가 물에 빠져 죽지 않는지, 왜 지구 위에 있는 많은 사람이 상상할 수도 없이 드넓은 우주 속으로 떨어나가지 않는지를 말씀 드리면 아버지는 지구의 인력 때문이라고 말씀하셨다.

"그러면 그 인력을 누가 있게 해서 사람뿐만 아니라 호흡 있는 모든 생물이 이 땅 위에서 살아갈 수 있게 했나 한번 생각해 보세요. 그 인력도 누군가가 있게 했으니까 있을 것 아닌가요? 그 인력을 있게 하신 분이 바로 하나님이세요! 하나님은 모든 원리원칙을 창조해 내시는 기본이 되시는 분이세요. 모든 것이 그분의 뜻에서 나왔으니까요. 칠흑처럼 깜깜하기만 했던 공허에서 유를 일구어 내신 분이세요. 하나님은 세상을 당신의 뜻대로 지으시고 자기의 뜻대로 다스려 가시는 분이세요. 그리고 우리가 잠시도 들이마시지 않으면 죽는 공기, 이 공기를 마시면서도 누가 우리에게 주신 것인지도 모르면서 살아가고 있어요."

이런 말씀을 드리고 나면 아버지는, "그래, 알았다. 네 말대로 알겠다." 하셨다.

그런데 다음날 다른 사람이 와서 아버지의 병간호를 하면서, 예수는 서양 사람들이나 믿는 것이라며, 그래도 한국 사람은 예로부터 믿어 온 불교를 믿어야 한다고 말씀을 드리자 확실하게 신앙 결정을 못하셨던 것 같다. 아버지가 임종하시기 전에 청주에서 내가 다니는 교회의 목사님을 모시고 와서 임종 예배를 드리던 중에 아버지는 목사님의 손을 꼭 잡은 채 바쁘게 돌아가셨다.

"하나님 아버지!

우리 아버지가 왜 목사님의 손을 꼭 잡으신 것입니까?

우리 아버지가 구원 받았다고 손을 드셨다니 수긍의 표시로 받아서 구원하여 주소서!

아버지를 구원하여 주소서!

사랑이 많으시고 인자하신 하나님 아버지, 우리 아버지를 긍휼히 여겨 주소서!

아버지는 일제 강점기와 6·25 전쟁 등 어려운 시절을 겪으면서도 우리 다섯 남매 앞에 단 한 번도 부정한 모습이나 부도덕한 모습을 보이지 않으셨습니다.

하나님 아버지, 저 높은 곳 하나님 아버지의 나라로 제 육신의 아비를 구원하여 주소서!

예수 그리스도의 이름으로 간절히 기도하나이다. 아멘!"

그런데 나는 아버지의 구원 과정을 직접 보지 못해서 구원을 받으셨는지 확신이 서지 않을 때에는 말할 수 없이 죄송하고 가슴이 쓰리도록 아팠다. 시어머니께서는 하나님 말씀을 어린아이처럼 순수하게 받아들이셨는데 아버지는 나름대로 책도 많이 보시고, 머리도 좋으시고, 자기 생각의 주관도 매우 확실했던 분이셨다. 자기의 아는 지식을 믿지 말라는 성경 말씀이 생각났다. 천국은 정말 어린아이와 같은 믿음으로 들어갈 수 있다고 하신 말씀이 무슨 말인지 알 것 같았다.

돌아가신 후 몇 달 있다가 아버지가 꿈에 보이셨다. 누가 그렇게 마련해 드렸는지 깨끗한 버버리코트를 입으시고 모자를 눈까지 내려 쓰셨는데, 내가 가까이 다가가서 모자 밑으로 올려다보니 분명 우리 아버지셨다.

"아버지 어디 갔다 오세요!?" 하고 물어도 아무런 말씀이 없으셨다.

내가 차의 운전석 뒷문을 열어 드리며 "타세요, 이제는 어디 가시지 마세요, 어서 타세요!" 하니까 아버지는 차를 타려고 차에 발을 올려놓으셨으나 발이 차 바닥을 통과해 밑으로 빠지니 타실 수가 없었다. 꿈이지만 아버지가 내 차를 타고 싶어하심이 역력하셨으나 함께 섞일 수 없는 영계와의 현실의 장벽이 너무나도 엄연함을 느꼈다. 내가 살고 있는 육의 세계와 아버지가 가신 영계靈界의 다름이 너무도 아프게 느껴져서 눈물이 쏟아졌다. 나의 삶이 아버지의 기대에 못 미쳐 드린 것도 죄송하고 좀 더 적극적으로 전도해 드리지 못한 것이 가슴 아팠다. 정말 주께로 가는 길은 눈물로 가는 길인가?

"하나님 아버지! 제 육신의 아비를 구원해 주시고 하나님 나라에서 있게 하옵소서. 하나님 아버지! 나의 아비를 긍휼이 여기소서. 긍휼이 넘치시는 우리 주 예수 그리스도의 이름으로 기도하옵나이다. 아멘!"

자녀들아

모든 일에 부모에게 순종하라

이는 주 안에서 기쁘게 하는 것이니라

골로새서 3:20

PART 03

하나님의 긍휼과
말씀의 능력

: 이사야로 내게 오신
  하나님

　나는 입시생들을 위한 중보기도 중에 이상을 본 후에도 여전히 성경을 보았는데, 어느 때부터인지 구약성경 이사야를 통해 말씀으로 나의 삶을 조명해 오시는 것을 느꼈다.

　너무나도 신기한 경험이다. 이사야의 말씀들은 옛날 나의 대학시절 지도교수의 지적보다도 더 구속력을 느끼게 했고 성령께서 이사야를 통해 나를 인도하시는 것 같아 이사야서는 내게 있어서 구원의 장이라는 생각이 들었다.

　언제부터인가 나는 이사야를 읽을 때면 기도하게 되었다.

　"이사야로 내게 오신 하나님!
　지난날 두렵고 멀리만 계시던 주님! 이제는 제가 가까이 계시는 주님을 사랑합니다.

평생에 한 번만 더 예수님 뵙기를 원하옵고 내게 진리를 확실히 말씀하여 주소서."

그런데 이사야의 그 말씀들은 현실로 이루어지며 나의 삶을 지배해 갔다. 마치 포석정의 굽은 선을 따라 술잔이 흘러갔다던 것처럼 말씀의 내용을 따라 나의 현실의 삶이 진행되어 갔다.

"네가 어려우리라." 하시면 어려웠고 "네가 이기리라." 하시면 이겼으며 "네가 울리라." 하시면 울었다. 말씀이 먼저 오고 나서 현실이 그대로 전개되는 경우도 있었고, 현실이 먼저 전개되면서 말씀이 곧 뒤따르는 경우도 있었다.

이토록 기가 막히게 말씀이 나의 삶을 지배해 가고 있었다.

아마도 이러한 경험이 없었다면 나는 아직도 예수님을 온전히 믿지 않았을 것이다. 세상의 어느 누구든 이처럼 말씀의 감화감동의 인印 치심을 받고 나면 누가 아무리 방해하고 비방을 해도 심중에 흔들림이 없게 되리라. 어쩌다 주위로부터 방해를 받아 의심이 생기더라도 머리를 흔들며 부인하게 되고 "아니야! 그럼 그때 보여 주신 그 이상은 무엇이며, 지금 내 현실을 정확히 조명해 가는 말씀들은 무엇인가, 아니야, 결코 아니야!"

만일 내가 누군가를 전도하려고 했을 때, "예수? 그가 누군데?" 하며 기독교의 근간을 흔드는 창조의 질서를 거부하거나 성경이나 하나님, 그리고 그 독생자 예수님에 대한 거부나 모욕적인 말을 들으면 예수님이 십자가 위에서 하신 그 기도가 이해되었다.

아버지 저들을 사하여 주옵소서
자기들이 하는 것을 알지 못함이니이다.
누가복음 23장 34절

성령훼방죄는 용서받을 수 없는 죄에 속하는 것이라 하셨지만, 이렇게 전도하려다가 모욕적인 언사를 들었을 때는 나 또한 예수님처럼 "저들이 자기들의 하는 짓을 몰라서 저리 하나이다." 하고 기도하곤 한다.

하나님 앞에서는 벌레만도 못한 나도 이러한 기도가 나오는데, 긍휼이 많으시고 사랑 그 자체이신 예수님께서야 자기를 핍박하는 그들을 향하여 어찌 이런 기도가 아니 나오시겠는가!

이제부터 나는 내 현실을 조명해 가시는 말씀들의 기막힌 능력들을 하나하나 기억해 보며, 그때그때 나의 영혼 속에서 현실로 솟아오르며 정확히 지적하시는 말씀들이 나의 생활에 화살처럼 꽂혀 들어옴을 피할 수가 없었던 지난 일들을 간증하려 한다. 주님께서도 이를 원하신다는 느낌이 든다.

〈말씀 : 이사야 49장〉

이 말씀은 내가 여호와의 진노를 받는 연단에 지쳐 아무런 희망도 긍지도 없이 거의 절망적인 생활 중에 '그냥 이대로 살다 죽자.' 하는 체념상태에서 받은 말씀이다. 이 말씀은 암흑 속에 있던 나를 번득이는 섬광의 햇살로 비추어 주었다. 말씀 한 마디가 이처럼 나를 일으켜 세우실 수가 있을까? 그래서 '말씀이 살아서 역사하신다.'고 했나 보다.

하늘이여 노래하라 땅이여 기뻐하라 산들이여 즐거이 노래하라

여호와께서 그의 백성을 위로하셨은즉

그의 고난당한 자를 긍휼히 여기실 것임이라

오직 시온이 이르기를 여호와께서 나를 버리시며

주께서 나를 잊으셨다 하였거니와

여인이 어찌 그 젖 먹는 자식을 잊겠으며

자기 태에서 난 아들을 긍휼히 여기지 않겠느냐

그들은 혹시 잊을지라도 나는 너를 잊지 아니할 것이라

내가 너를 내 손바닥에 새겼고 너의 성벽이 항상 내 앞에 있나니

네 자녀들은 빨리 걸으며 너를 헐며 너를 황폐하게 하던 자들은

너를 떠나가리라

네 눈을 들어 사방을 보라 그들이 다 모여 네게로 오느니라

나 여호와가 이르노라 내가 나의 삶으로 맹세하노니

네가 반드시 그 모든 무리를 장식처럼 몸에 차며

그것을 띠기를 신부처럼 할 것이라

이는 네 황폐하고 적막한 곳들과 네 파멸을 당하였던

땅이 이제는 주민이 많아 좁게 될 것이며

너를 삼켰던 자들이 멀리 떠날 것이니라.

이사야 49장 13-19절

이 말씀은 하나님께서 나를 연단하시기 위해 긴 세월을 물풀 속에 던지시고 세탁기에 처넣으시며 터널을 지나게 하시는 그 시절을 감당하느라고 좀처럼 밝고 찬란한 태양을 바라보지 못할 것 같던 나에게 갑자기 빛보다 더 밝음으로 다가온 위로와 희망의 말씀이다.

이 말씀은 순식간에 내 입에 들어와 혀 위에서 굴렀다. 읽는

순간 말씀 전체가 순식간에 뇌리에 들어와 박히면서 마치 무슨 주문을 외듯이 외워지고 방언처럼 줄줄이 입에서 터져 나왔다. 이 말씀을 묵상해 보니, '너는 연단 중에 주님께서 너를 미워하시고 잊으시며 아주 버리셨다고 생각하여 많이 낙심했겠지만, 여호와께서 고난에 처한 너를 긍휼히 여기시고 지금 이후로 그 고난의 때가 네게서 떠나게 될 것인즉, 그로 인해 하늘도 땅도 다 너를 향해 기쁨의 노래를 부르며 즐거워하리니 너도 이제부터 기뻐하라.'고 나에게 말씀하시는 것 같았다. '이제 내가 연단으로 너의 영을 새롭게 낳았으니 여인이 어찌 자기가 낳은 젖먹는 자식을 잊겠으며 자기 태에서 난 아들을 긍휼히 여기지 않겠느냐 함과 같이 너를 돌보시리라'고 하시는 말씀으로 들렸다. 오히려 '너는 혹시 나를 잊을지 몰라도 나는 너를 결코 잊지 아니할 것이며 이미 너를 나의 손바닥에 새겼고 너의 삶이 항상 내 앞에 있을 것이니 네 자녀들이 속히 돌아오겠고 너를 헐며 황폐하게 하던 자들은 너를 떠나가리라.'고 분명하고도 구체적으로 말씀하셨다.

　나는 이 말씀을 읽으며, 아이들 넷이 모두 내 앞에 함께 있는데 '너의 자녀들이 속히 돌아오겠고' 하는 말씀이 무슨 뜻인가 의아해 했다. 그러나 이 말씀은 영적으로 나와 갈려 있는 아이들의 이단 신앙 상태를 말씀하고 계신 것임을 깨달았다.

또 '너를 헐며 너를 황폐하게 하던 자들은 너를 떠나가리라' 하신 말씀도 놀랍도록 현실로 이루어졌다. 세상물정도 모르고 남의 말만 믿고 따라했던 주유소 사업으로 인해 빚더미에 올라 앉게 되었고, 그로 인한 이자가 감당할 수 없는 상태에 이르게 된 것은 나의 무지와 탐욕이 만들어낸 올무였다.

그런데 그토록 나를 황폐하게 했던 매월 사백만 원씩 이자를 청구하던 고지서가 나도 모르는 사이에 언제부터인가 오지 않고 있음을 뒤늦게야 알았다.

그것이 어떻게 된 것인지 오히려 궁금하고도 불안했다. 혹시 그동안 못 낸 이자를 모두 합산하여 나중에 한꺼번에 엄청난 금액을 청구하려고 그러는지, 아니면 지금 살고 있는 집이 압류라도 당한 것이 아닌가 싶어 불안하기만 했다.

그래서 조심스레 확인해 보았더니, 내가 외부 사람들과 연락을 끊고 교회 안에서 성경과 씨름하고 있던 시기에 모두 해결이 되었단다. 도로변에 있던 주유소가 정부의 국도확장공사에 저촉되어 수용 대상이 되었고, 이에 따라 보상받은 돈으로 빚을 모두 갚을 수 있게 되었단다.

꽉 막혔던 숨이 한꺼번에 터져 나오고, 마치 하늘 위로 솟구쳐 오를 듯이 마음이 활짝 열리고 기뻤다. 이보다 더 감사한 일이 어디 있을까! 나는 누가 보거나 말거나 하나님께 두 손 모아 감사 기도를 올렸다.

"아! 하나님, 감사, 감사합니다!

나를 가장 어렵게 하던 일들, 나를 삼켰던 일들을 내게서 멀리 떠나게 하셨습니다.

나를 황폐케 하던 자들의 올무에서 벗어나게 해 주신 놀라우신 은혜 감사합니다.

오직 모든 삶을 주께 의뢰하오니, 주여, 살려 주소서. 주밖에 누가 나를 구하리까?

깊은 연단의 자리에서 나를 구원해 주시는 예수 그리스도의 이름으로 기도드리나이다. 아멘!"

: 하나님의 긍휼과
위로의 말씀

말씀 1 : 이사야 30장

주께서 너희에게 환란의 떡과 고생의 물을 주시나

네 스승은 다시 숨기지 아니하시리니 네 눈이 네 스승을 볼 것이며

너희가 오른쪽으로 치우치든지 왼쪽으로 치우치든지

네 뒤에서 말소리가 네 귀에 들려 이르기를

이것이 바른 길이니 너희는 이리로 가라 할 것이며

이사야 30장 20, 21절

내가 네 갈 길을 가르쳐 보이고 너를 주목하여 훈계하리로다

시편 32장 8절

이 말씀은 '회개한 자들의 삶에 주시는 축복의 말씀'이라고 성경사전에 쓰여 있었다.

하나님께서 회개한 백성들의 호소를 들으시고 그들을 구원하시고 인도해 주실 것에 대한 약속과 힘든 고생의 물을 주시며 연단시키셔서 회개를 받으셨으니 이제 회개한 자들의 눈이 스승을 직접 보는 것 같게 하시고, 이렇게 할까 저렇게 할까 망설이고 방황할 때 뒤에서 바른길로 가도록 소리 내어 인도해 주신다 하셨으니 이토록 고마운 말씀이 어디에 있을까?

감사한 마음으로 가슴깊이 새겼다. 이스라엘의 역사적 사실로는 유다가 회개할 때 그 유다를 통하여 메시아 왕국이 확장되어 나가게 하셨고, 영적으로는 다윗을 비롯해서 어느 시대이든 회개한 자의 삶이 더욱 크게 축복 받는다는 것을 보여 주셨다.

하나님 아버지께서 가장 싫어하시는 우상을 쫓아다니던 내가 연단 중에 매를 맞아 상처를 입고 땀 흘리며 울고 서 있는 모습이 딱했던 것일까? 하나님의 불같은 진노가 내 멱살을 잡아끄실 때는 공포로 떨기만 했는데, 이제는 주시는 말씀마다 나를 위로하시는 것으로 들려 말씀 앞에 서면 눈물이 났다. 감사와 서러움이 뒤섞인 눈물이었다.

말씀2 : 이사야 40장과 52장

너희 하나님이 이르시되 너희는 위로하라 내 백성을 위로하라

너희는 예루살렘의 마음에 닿도록 말하며 그것에게 외치라

그 노역의 때가 끝났고 그 죄악이 사함을 받았느니라

그의 모든 죄로 말미암아 여호와의 손에서 벌을 배나 받았느니라.

이사야 40장 1~2절

하나님이 말씀하시기를 너희는 이제 내 백성이 된 저를 위로하여 다정하게 대하라 하시고 이제 연단의 때가 끝났으니 저의 죄가 사함을 받았다고 확실히 선포해 주어라 하신 것이다. 너희는 저가 여호와의 진노를 받아 회복하지 못하고 힘없이 서있는 예루살렘 그녀에게 이제 네 죄가 모두 없어졌다고 일러주어라 하셨으니 놀라운 일이다. 벌을 주시면서도 속마음은 나를 사랑하시고 버리지 아니하셨던 것이다.

시온이여 깰지어다 네 힘을 낼지어다

거룩한 성 예루살렘이여 네 아름다운 옷을 입을지어다

이제부터 할례받지 아니한 자와 부정한 자가

다시는 네게로 들어옴이 없을 것임이라

너는 티끌을 떨어 버릴지어다 예루살렘이여

일어나 앉을지어다 사로잡힌 딸 시온이여

네 목의 줄을 스스로 풀지어다.

이사야 52장 1-2절

이 말씀은 나에게 하시는 말씀이다. 그리고 여호와의 손에서 분노의 잔을 그만큼 마셨으니 이제는 분노의 잔을 거두어서 다시는 너로 마시지 않게 하고, 그 잔을 너를 괴롭게 하던 자들의 손에 두겠노라고 말씀하셨고, 이제는 사로잡혔던 네 목의 줄을 스스로 풀고 일어나 네 보좌에 앉으라고 말씀하신 것이다. 회복시켜 주시는 놀라운 은혜가 말씀을 통해 현실로 다가오고 있었다.

말씀3 : 이사야 54장

내가 잠시 너를 버렸으나 큰 긍휼로 너를 모을 것이요

내가 넘치는 진노로 내 얼굴을 네게서 잠시 가리웠으나

영원한 자비로 너를 긍휼히 여기리라

네 구속자 여호와께서 말씀하셨느니라

이는 내게 노아의 홍수와 같도다

내가 다시는 노아의 홍수로 땅 위에 범람하지 못하게 하리라

맹세한 것같이 내가 네게 노하지 아니하며

너를 책망하지 아니하기로 맹세하였노니

산들이 떠나며 언덕들은 옮겨질지라도

나의 자비는 네게서 떠나지 아니하며 나의 화평의 언약은

흔들리지 아니하리라 너를 긍휼히 여기시는

여호와께서 말씀하셨느니라.

이사야 54장 7-10절

성난 폭우처럼 두렵고 무자비하셨던 하나님께서 이처럼 따스한 말씀으로 나를 달래 주셨다.

"주님! 너무나도 감사합니다. 주님의 약속의 말씀을 받고 제 마음이 얼마나 평안한지요! 그간 하나님이 밀어 넣으신 깊은 연단의 굴 속에서 산처럼 첩첩이 쌓인 저의 죄를 보고 낙심했지만, 이제는 그 죄를 주님께서 모두 다 사하여 주셨습니다. 돌이켜 보니 너무나도 많은 죄 가운데 살아왔습니다. 우상을 주님보다 더 섬겼던 죄, 시댁 식구들을 싫어했던 죄, 친정 부모에게 인색했던 죄, 친척들을 무시하고 싫어했던 죄……."

너는 공의로 설 것이며 학대가 네게서 멀어질 것인즉

네가 두려워하지 아니할 것이며 공포도 네게 가까이하지 못할 것이라

보라 그들이 분쟁을 일으킬지라도 나로 말미암지 아니한 것이니

누구든지 너와 분쟁을 일으키는 자는 너로 말미암아 패망하리라

보라 숯불을 불어서 자기가 쓸 만한 연장을 제조하는 장인도

내가 창조하였고 파괴하며 진멸하는 자도 내가 창조하였은즉

너를 치려고 제조된 모든 연장이 쓸모가 없을 것이라

일어나 너를 대적하여 송사하는 모든 혀는 네게 정죄를 당하리니

이는 여호와의 종들의 기업이요 이는 그들이 내게서 얻은 공의니라

여호와의 말씀이니라.

이사야 54장 14-17절

하나님께서는, "이제 내 딸을 함부로 할 자는 없다." 하시며 내 곁에 계셨다.

여기까지 와서 나는 통곡하며 눈물을 흘렸다. 온몸 구석구석에 오랫동안 쌓였던 무겁고 어두운 기곡婖曲[3]의 감정들이 눈물에 씻겨 나가며 한순간에 하늘로 증발해 버리는 것 같았다. 다시는 나올 수 없을 것 같던 길고도 어두운 연단의 터널을 빠

---

3 더럽게 여겨지는 행위나 잘못된 생각

져 나와서 찬란한 광명의 빛을 받고 선 느낌이 들었다.

이 말씀들은 태양보다도 더 나를 밝혀 주고 있었다. 그렇다, 나는 내 수난을 다 받고 여호와의 손 안에서 수많은 죄의 씻김을 받았다. 내가 여호와의 진노를 받은 것은 토속신앙의 이방신을 섬긴 죄, 그 중에서도 무당을 좇아 굿을 했던 것이다.

지금 생각하니 어리석고 수치스럽기만 하다. 하나님께서 "네 스스로를 생각하고 너 자신을 스스로 미워하게 되리라."고 하신 말씀이 딱 들어맞았다. 나는 내가 밉고 창피스러워졌다. 그러나 이제 나는 지난날의 나를 벗고 새로운 피조물로 하나님의 자녀가 되었다.

말씀4 : 에스겔 36장

나는 그 후 성경을 보다가 에스겔서에서 또 말씀을 받았다. 이것은 정말 나에게는 처음 주시는 평강의 말씀이고 축복이었다. 이제 이후로는 이보다 더 큰 축복은 나로서는 필요하지 않다. 하나님께서 만약 나에게 더 큰 축복을 받으라고 명령하신다면 몰라도, 내가 더 이상을 원한다면 탐심이 되는 것이다.

내가 너희를 여러 나라 가운데에서 인도하여 내고

여러 민족 가운데에서 모아 데리고 고국 땅에 들어가서

맑은 물을 너희에게 뿌려서 너희로 정결하게 하되

곧 너희 모든 더러운 것에서와

모든 우상 숭배에서 너희를 정결하게 할 것이며

또 새 영을 너희 속에 두고 새 마음을 너희에게 주되

너희 육신에서 굳은 마음을 제거하고 부드러운 마음을 줄 것이며

또 내 영을 너희 속에 두어 너희로 내 율례를 행하게 하리니

너희가 내 규례를 지켜 행할지라

내가 너희 조상들에게 준 땅에서 너희가 거주하면서

내 백성이 되고 나는 너희 하나님이 되리라

내가 너희를 모든 더러운 데에서 구원하고 곡식이 풍성하게 하여

기근이 너희에게 닥치지 아니하게 할 것이며

또 나무의 열매와 밭의 소산을 풍성하게 하여

너희가 다시는 기근의 욕을 여러 나라에게 당하지 아니하게 하리니

그때에 너희가 너희 악한 길과 너희 좋지 못한 행위를 기억하고

너희 모든 죄악과 가증한 일로 말미암아 스스로 밉게 보리라.

에스겔 36장 24-31절

나는 그때 이 말씀을 보면서 '내가 무엇이 그리도 악하고 가
증한가?' 하고 의구심을 가졌는데 기도 중 성령께서 이것저것

을 들추어내시니 너무나도 놀랐다. 사람을 죽이거나 도둑질을 하거나 사기를 치거나 거짓말을 하는 것만이 죄가 아니었다. 하물며 모르고 한 것도 죄가 되는 것이므로 "아! 이런 것들이 모두 죄였구나!" 하며 놀라지 않을 수 없었다. 그래서 나는 또다시 교회 수양관에 들어가서 하나님께 회개하였다.

그때 하나님께서는 나에게 에스겔서의 이 말씀을 주시고 나를 용납하여 주셨다. 위의 말씀은 하나님께서 나에게 죽을 때까지 매일의 만나를 내려 주시겠다는 약속을 하신 것이다. 그리고 이 말씀에서 주신 메시지는, 내가 아직 하나님을 모를 때 행했던 모든 불신앙에서 나를 건져내시고, 말씀이 계신 교회로 데리고 들어가 맑은 물로 씻듯이 정결케 하시겠다는 것이다. 지난날 모든 더러운 것과 우상을 섬기는 행위를 깨끗하게 해주시고 정결해진 마음 위에 새 영을 부어주신다는 약속의 말씀을 주신 것이다에스겔 36장 27절. 그리고 이제는 지난날의 잘못들을 모두 다 용서해 주시고 새로운 피조물로 거듭나게 하시며 나를 당신의 백성으로 용납해 주실 것을 약속해 주셨다. 이제까지 나에게 가득했던, 싫어하고 미워하며 질투하는 등 육신 속에 있었던 돌덩이같이 굳은 마음들을 다 제하여 버리고 사랑과 온유와 용서 등 부드러운 새 마음을 가지도록 새 삶을 열어 주시겠다고 약속하셨다. 특별히 하나님 외의 다른 신들을 내게서 완전히 제하여 버리시고 나를 정결하게 하셔서 하나님의 백성이 되고 자녀가 되는 특별한 은혜를 내려주셨다.

이처럼 새롭게 구원해 주신 후에는 곡식으로 풍성하게 하여 빈곤과 궁핍이 나에게 임하지 않게 해주시되 '나무의 열매와 밭의 소산을 풍성하게 하여' 다시는 기근의 어려움을 당하지 않게 하시겠다며 현실 그대로 이루어지는 놀라운 은혜 속에 살아가게 하셨다.

지난날의 잘못된 길과 불선不善한 행위를 뒤돌아보면 '너의 모든 죄악과 가증한 일로 말미암아 스스로 밉게 보리라.' 하신 말씀이 나를 두고 하신 말씀 그대로였다. 무언가 잘해 보려다 하나님의 노여움을 촉발하는 일들만 했던 나를 어찌 이리 한 번에 그 죄를 깨끗이 도말塗抹해 주실 수가 있을까!

물은 마음 밖의 모든 더러운 것들을 닦을 수 있으나 마음속 더러운 것은 제할 수가 없다. 마음속의 더러운 것은 오직 하나님의 말씀에 감동을 받음으로써 성령께서만 정결하게 하실 수 있다. 이렇게 마음의 더러운 것을 제하고 깨끗해졌다면 다시는 더러워지지 않는 것이다. 한 번 목욕을 한 사람은 손과 발만 씻어도 된다고 하셨다. 하나님의 말씀은 맑은 물, 다시는 목마르지 않는 생명수이기 때문이다.

내게 주신 에스겔의 말씀은 그간의 내가 하나님 앞에 돌아오는 과정 그대로임에 감탄을 금치 못한다. 연단의 시작부터 죄사함을 주께로부터 받고 이 자유함을 얻기까지의 과정과 말씀이 이렇게 토씨 하나 다르지 않게 성경에 쓰여 있다니 정말 감동이며 기적이 아닐 수 없다.

: 황무한 땅의
  회복

– 하나님의 진노의 표출

강바닥에 잘라 놓은 다리 조각 성수대교!

다른 사람들은 사고를 보았지만 나는 그 가운데서 하나님의 진노를 보았다. 이 사고는 일반적으로는 속도를 위주로 한 건설 정책에 대한 부작용이요, 무지와 어리석음에 대한 현실로 보일 수 있다.

하지만 이것은 그때 나를 연단의 세월로 밀어 넣는 터널의 입구가 되었다. 그 참담한 사고 앞에서 내가 하나님께 받은 느낌은, "그렇게나 우상을 쫓아다니더니 오히려 잘된 일이 아니냐? 이제 또 신접神接한 자 앞에 가 보아라." 하시는 것만 같았다.

그날 꽃다운 여학생들의 희생은 내 평생에 가장 깊은 상처로 남아 있다. 지금도 생각나면 주위를 둘러보며 하늘에 두려움을 느낀다. 하나님이 당신의 진노대로 내게 보수報讐하셨다면 아마도 내 몸통을 저 다리처럼 잘라 놓고 싶으셨을 것이다.

나는 내가 미웠고, 하나님의 진노는 당연한 것이라고 받아들였다. 우상들은 나를 돕지 않았다. 돕지 않은 것이 아니라, 그것들은 나를 도울 능력은커녕 아무 생명력도 없는 무생물, 그저 단순한 나뭇조각이나 돌덩이에 불과했을 뿐이다.

> 무당의 자식, 간음자와 음녀의 자식들아 너희는 가까이 오라.
>
> 이사야 57장 3절
>
> 네가 높고 높은 산 위에 네 침상을 베풀었고
>
> 네가 또 거기에 올라가서 제사를 드렸으며.
>
> 이사야 57장 7절
>
> 네가 또 네 기념표를 문과 문설주 뒤에 두었으며
>
> 네가 나를 떠나 벗고 올라가서 네 침상을 넓히고 그들과 언약하며
>
> 또 네가 그들의 침상을 사랑하여 그 벌거벗은 것을 보았으며.
>
> 이사야 57장 8절

하나님은 나의 우상 신앙을 이렇게 보고 계셨던 것이다.

인간의 손으로 만든 그 물건들이 무슨 영험이 있으며 어찌

신이 될 수 있겠나? 단지 내가 어리석고 무지해서 그것들을 따라다닌 것이 부끄럽고 속상했다.

나는 그 후 큰아이를 좇아 교회를 다니기 시작하면서부터는 베갯속에 들어 있던 부적이며 염주며 기타 우상의 상징물들과 액자들을 모두 다 꺼내다가 불태워 버렸다.

이제 나에게는 우상을 생각나게 하는 일체의 그 어떤 것도 남기지 않았다. 우상은 이제 나에게 끝이고 저주였다. 혹시 TV에서 우상에게 절을 하거나 기우제를 드리거나 굿을 하는 장면이 보이면 나는 얼른 다른 채널로 돌렸고, 그곳이 영화관이라면 눈을 감고 그 장면이 지나가기를 기다렸다.

하나님은 나를 여기까지 이끌어 주셨고 성부와 성자와 성령의 삼위일체이신 예수 그리스도만이 나의 신이심을 깨닫게 해 주셨다.

맑은 물을 너희에게 뿌려서 너희로 정결하게 하되

곧 너희 모든 더러운 것에서와 모든 우상 숭배에서

너희를 정결하게 할 것이며

또 새 영을 너희 속에 두고 새 마음을 너희에게 주되

너희 육신에서 굳은 마음을 제거하고 부드러운 마음을 줄 것이며

또 내 영을 너희 속에 두어 너희로 내 율례를 행하게 하리니

너희가 내 규례를 지켜 행할지라

에스겔 36장 25-27절

이처럼 그분은 강권적으로 나에게서 모든 잡신들을 제하여 주시고 성령님을 보내 주셨다. 그리고 말씀하시기를, "너희는 택하신 족속이요, 왕 같은 제사장들이요, 거룩한 나라요, 그의 소유가 된 백성이니 이는 너희를 어두운 데서 불러내어 그의 기이한 빛에 들어가게 하신 이의 아름다운 덕을 선포하게 하려 하심이라"[4] 하셨다.

이토록 주께서는 나를 거룩한 족속이요, 왕 같은 제사장으로 어두움의 악에서 불러내어 자신의 죽으심으로 얻으신 속죄의 권능으로 나에게 구원을 입히시고 의의 길로 인도하여 주셨다.

이제 나는 그 안에서 마음의 평강을 느끼며 모든 것에서 자유롭다. 그리고 그분은 나에게서 많은 것, 욕심의 산물들을 제하여 버리셨다.

사람들이 나를 어찌 보든 상관이 없다. 그분은 사람의 외모를 보지 않으신다. 나 스스로 깊고 순결함으로 그 앞에 온전하며 그분께 용납 받으려 노력하면 그로써 족하다. 그분이 옳다

---

4 베드로전서 2:9

하시는데 누가 감히 부인하겠는가!

주 여호와의 말씀이니라 내가 이렇게 행함은

너희를 위함이 아닌 줄을 너희가 알리라

이스라엘 족속아 너희 행위로 말미암아 부끄러워하고 한탄할지어다

주 여호와께서 이같이 말씀하셨느니라

내가 너희를 모든 죄악에서 정결하게 하는 날에

성읍들에 사람이 거주하게 하며 황폐한 것이 건축되게 할 것인즉

전에는 지나가는 자의 눈에 황폐하게 보이던 그 황폐한 땅이

장차 경작이 될지라

사람이 이르기를 이 땅이 황폐하더니

이제는 에덴동산같이 되었고 황량하고 적막하고

무너진 성읍들에 성벽과 주민이 있다 하리니

너희 사방에 남은 이방 사람이 나 여호와가 무너진 곳을 건축하며

황폐한 자리에 심은 줄을 알리라 나 여호와가 말하였으니 이루리라

주 여호와께서 이같이 말씀하셨느니라

그래도 이스라엘 족속이 이같이 자기들에게 이루어 주기를

내게 구하여야 할지라

내가 그들의 수효를 양 떼 같이 많아지게 하되

제사 드릴 양 떼 곧 예루살렘이 정한 절기의 양 무리 같이

황폐한 성읍을 사람의 떼로 채우리라

그리한즉 그들이 나를 여호와인 줄 알리라 하셨느니라.

겔 36:32~38

    이 말씀도 송두리째 쉽게 다 암기가 되는 것을 보니 나와 무엇인가 관련이 있을 것이라는 생각이 들었다. 이 말씀은 내가 모든 죄악에서 정결하게 되는 것을 전제로 하신다. 그 전제는 최소한 십계명을 범하지 아니하고 깨끗하고 정결한 마음으로 주기도문과 사도신경의 진실한 소망과 감사 안에 있을 것을 전제로 하심이리라.

    내가 그렇게 될 때에야 비로소 그 성읍들에 사람들이 생활하게 되고, 아무 것도 의지할 것이 없던 황무한 땅이 장차 농사를 짓게 되며, 사람들이 살 만한 곳으로 건축되게 하리라 약속하셨으니, 나는 그리 될 것을 믿었고 훗날 충북 땅에 그대로 이루어 주셨다.

    주님은 나의 진정한 목자이시며 길이시요 진리이시며 생명이시다. 나의 평생에 그의 선하심과 인자하심이 정녕히 나를 따르신다는 약속을 믿어 의심치 아니한다.

– 단장한 신부 대접

네 눈을 들어 사방을 보라. 나의 연단으로 너를 떠났던 그들이 다시 모여 네게로 온다고 말씀하시고 한 번도 너를 실망하게 한 적이 없는 나 여호와가 이르는 말이라 하셨다. 너는 네게로 오는 그 무리들로 장식을 삼아 몸에 차며 띠기를 신부가 시집가려고 단장한 것처럼 하리라 하신 말씀도 그대로 이루어주셨다.

그로부터 몇 년 후 남편이 도지사로 당선됐을 때 여성회관에서 여러 여성단체장들로부터 축하인사를 받았는데, 단체마다 회장·부회장·총무 등 몇 명씩 대표들이 함께 들어와 인사를 하고 나가면 다음단체가 들어오고, 또 나가면 계속해서 다음 단체가 들어와 인사를 나누고 나갔다. 나는 그때 신부가 단장을 한 것같이 꾸미지도 않았지만, 그들에게 계속해서 축하인사를 받는 것 자체가 신부와 같이 관심 속에서 중심인물이 되어 있었다.

나는 그 사람들로부터 인사를 받는 것이 고역이었지만 성경 말씀대로 이루어 주시는 하나님의 예정된 것이라 생각하면서 끝까지 성의를 다해 그들을 맞이해 주었다.

내 눈을 들어 사방을 보라 그들이 다 모여 네게로 오느니라

나 여호와가 이르노라 내가 나의 삶으로 맹세하노니

네가 반드시 그 모든 무리를 장식처럼 몸에 차며

그것을 띠기를 신부처럼 할 것이라.

이사야 49장 18절

우리를 떠났던 무리들이 다 모여 네게로 돌아온다고 말씀하셨다.

성수대교 붕괴 사고로 남편이 서울시장직에서 물러난 후 우리와 관련되어 있던 많은 단체들과 사람들은 다 우리를 떠났다. 그러나 남편이 도지사가 된 이후 내게 많은 일과 역할이 다시 주어지고 각급 단체와 사람들이 주변에 몰려들었음을 말씀하고 계신 것이다. 그리고 그 중심에 다시 서게 되었다. '모든 무리를 장식처럼 몸에 차며 그것을 띠기를 신부처럼 할 것이라.' 하신 말씀에 따라 이 모든 것은 하나님이 섭리하신 것이므로 감사와 아울러 놀라움을 금할 수가 없었다.

'이 땅이 황폐하더니 이제는 에덴동산같이 되었고 황량하고 적막하고 무너진 성읍들에 성벽과 주민이 있다 하리니에스겔 36장 35절' 하신 말씀은 내 생활 전체 영역과 함께 충청북도 발전에

그대로 이루어졌다.

　나의 연단 때에는 가정이 침몰해 가는 듯한 불안과 근심을 피해 교회 독서실에만 가 있었고 만사가 귀찮았었다. 내 집에 사람의 기척이 없고 관리가 소홀하여 황폐하고 적막하게 되었었으나 이제 우리의 삶에도 활력이 넘치고 많은 사람들로 바빠졌다. 결국 예고하신 말씀 그대로 이루어졌다. 주시는 말씀은 그대로 현실이 되고 감사와 기쁨으로 내게 다가왔다.

"환난의 날에 나를 부르라 내가 너를 건지리니 네가 나를 영화롭게 하리로다."(시편 50:15)

나는 너무나 감사한 마음에 283장 찬송가를 불렀다.

1. 나 속죄함을 받은 후 한없는 기쁨을
　　다 헤아릴 수 없어서 늘 찬송합니다

2. 나 속죄함을 받은 후 내 맘이 새로워
　　주 뜻을 준행하면서 죄 길을 버리네

3. 나 속죄함을 받은 후 성령이 오셔서
   하나님 자녀 된 것을 곧 증언합니다

4. 나 속죄함을 받은 후 보혈의 공로로
   내 주의 은혜 입으니 늘 평안합니다

[후렴] 나 속죄 받은 후 나 속죄 받은 후 주를 찬미하겠네
       나 속죄 받은 후 주의 이름 찬미하겠네

모든 것이 밝았다. 무겁던 양 어깨가 가볍고 마음이 평안했다. 독수리의 날갯짓같이 하늘로 높이 솟아오르는 느낌이었다.

"이것은 하나님이 주시고 관리해 주시는 환희와 평강이다!"
값비싼 연단의 대가로 수없는 통회와 눈물로 얻은 평강, 모든 지각에 뛰어나신 하나님의 평강을 얻은 것이다. 내가 3년여 간 하나님의 고된 훈련Hard Training을 받은 대가로 주신 이 귀하고도 값진 선물은 아무도 빼앗지 못하고 침범하지 못한다는 안도감이 들었다. 다시 말해 이 세상에는 하나님이 주시는 평강을 방해할 사람이나 방법도 없는 것이다.
설사 그 어떤 것이 내 지금의 기쁨을 시기해도 이것은 세상

이 주는 것이 아니요 하나님이 주시는 평강이기에 세상에 어떤 것으로도 나를 해할 자가 없었다.

하늘이 주시는 이 평강은 하나님과 그 아들 독생자를 아는 자들만이 누릴 수 있는 특권이다. 이러한 것을 모르는 사람들은 금으로도 안 바꾸는 이 평강을 값없이 줘도 알지 못한다. 이 평강은 하나님으로부터 나오는 평안이고, 그분의 속성으로 받아야만 누릴 수 있기 때문이다.

– 사로잡힌 포로

종교로 인한 아이들과의 갈등은 쉽게 해결되지 않았다. 나무라도 해결이 안 되고, 설득도 소용이 없었으며, 기도해도 응답을 받지 못한 채 시간이 지나고 해가 바뀌어 갔다.

> 용사가 빼앗은 것을 어떻게 도로 빼앗으며
> 승리자에게 사로잡힌 자를 어떻게 건져낼 수 있으랴
> 여호와가 이같이 말하노라 용사의 포로도 빼앗을 것이요
> 두려운 자의 빼앗은 것도 건져낼 것이니
> 이는 내가 너를 대적하는 자를 대적하고
> 네 자녀를 내가 구원할 것임이라.
>
> 이사야 49장 24-25절

이 말씀을 처음 받았을 때 왜 나에게 주셨는지를 바로 알 수 있었다. 이 말씀에서 용사는 이단이고, 우리 아이들은 빼앗긴 것이고, 승리자는 우리 아이들을 빼앗은 이단을 가리킨 것이었다. 그 이단에게서 네 힘으로 어찌 아이들을 건져내겠느냐고 내게 말씀하고 계시는 것이다. 그러나 '나 여호와는 할 수 있다' 하셨다이사야 49장 25절. 오직 여호와께서 풀어야만 가능하다 하신 것이다.

그들로 인해 가정의 평화도 흔들리고 있었다. 그 이단 교회에 못 나가게 하려고 별의 별 짓을 다 해보았지만 조금도 소용이 없었다. 용사가 빼앗은 것을 어떻게 네가 도로 빼앗으며 승리자에게 사로잡힌 자를 어떻게 네가 건져낼 수 있으랴 하시며, 오직 나 여호와만이 용사의 포로도 빼앗을 것이요 두려운 자의 빼앗은 것도 건져내시고 그들로부터 네 자녀를 구원할 것이라고 말씀하셨다.

나는 나의 힘으로, 아니 어느 누구의 힘으로도 아이들을 건져낼 수 없고 오로지 하나님만이 건져내실 수 있다는 것을 깨달았다. 그래서 나는 아이들을 내버려 두고 기도로만 주님께 매달렸다.

아이들은 이 일로 오랫동안 나를 힘들게 하고 기도하게 하고 가슴 아프게 했다. 이것은 내가 그간 우상 신앙으로 하나님의 마음을 아프게 해드린 하나님의 징계이든지, 보수補讐이든지, 긴 세월 동안 하나님을 불쾌하게 해 드린 것에 대한 하나님의 징책懲責이신 것이다. 그러니 더 이상 내가 아이들의 신앙을 위해서 기도 외엔 할 수 있는 일이 없었다.

예레미야애가 3장에서는 이와 같은 내 아픔과 심경을 그대로 말해 주고 있다.

내 고초와 재난 곧 쑥과 담즙을 기억하소서
내 마음이 그것을 기억하고 내가 낙심이 되오나
이것을 내가 내 마음에 담아 두었더니
그것이 오히려 나의 소망이 되었사옴은
여호와의 인자와 긍휼이 무궁하시므로 우리가 진멸되지 아니함이니이다
이것들이 아침마다 새로우니 주의 성실하심이 크시도소이다
내 심령에 이르기를 여호와는 나의 기업이시니
그러므로 내가 그를 바라리라 하도다
기다리는 자들에게나 구하는 영혼들에게 여호와는 선하시도다
사람이 여호와의 구원을 바라고 잠잠히 기다림이 좋도다
사람은 젊었을 때에 멍에를 메는 것이 좋으니

혼자 앉아서 잠잠할 것은 주께서 그것을 그에게 메우셨음이라.

예레미야애가 3장 19-28절

차라리 주께서 메우신 고난이라 생각하고 오랜 세월 많이 기도하고 회개하며 하나님께 구하고 구하였더니 하나님의 분노가 반쯤은 풀리셨나보다. 그리하여 내 마음은 잠시나마 말씀 앞에 순종함으로 쉼을 얻은 것 같기도 하다.

둘째는 하나님께서 앞서 보여 주신 환상 중에 그 기름 섞인 오수통에서 건져내었듯이 지금은 그곳에서 나와 정상적인 생활을 하고 있으니 얼마나 다행인지 모르겠다. 여호와께서는 이러한 나의 마음을 이미 아시고 예레미야의 말씀을 통하여 위로의 말씀을 주셨다.

여호와께서 이와 같이 말씀하시니라

라마에서 슬퍼하며 통곡하는 소리가 들리니

라헬이 그 자식 때문에 애곡하는 것이라

그가 자식이 없어져서 위로 받기를 거절하는도다

여호와께서 이와 같이 말씀하시니라

네 울음 소리와 네 눈물을 멈추어라 네 일에 삯을 받을 것인즉

그들이 그의 대적의 땅에서 돌아오리라 여호와의 말씀이니라

너의 장래에 소망이 있을 것이라

너의 자녀가 자기들의 지경으로 돌아오리라 여호와의 말씀이니라.

예레미야 31장 15-17절

　나는 이 말씀을 사모하고 자꾸 되뇌면서 기도를 하며 응답의
날을 기다리며 소망을 두고 있었다.

: 도지사 선거

나는 성경을 보다가 또 말씀을 받았다. 말씀을 받았을 때에는 마치 방언이 쏟아질 때처럼 내 혀 위에 구르며 아무리 길어도 완전히 암기가 되어 버린다. 그리고 말씀이 암기가 되면 '내 앞에 또 무슨 일이 일어날 것인가?!' 하며 긴장되었다.

① 말씀받기 : 이사야 41장 8-21절

– 이가 날카로운 새 타작기계

그러나 나의 종 너 이스라엘아

내가 택한 야곱아 나의 벗 아브라함의 자손아

내가 땅 끝에서부터 너를 붙들며 땅 모퉁이에서부터 너를 부르고

네게 이르기를 너는 나의 종이라

내가 너를 택하고 싫어하여 버리지 아니하였다 하였노라

두려워하지 말라 내가 너와 함께 함이라 놀라지 말라

나는 네 하나님이 됨이라 내가 너를 굳세게 하리라

참으로 너를 도와주리라 참으로 나의 의로운 오른손으로 너를 붙들리라

보라 네게 노하던 자들이 수치와 욕을 당할 것이요

너와 다투는 자들이 아무것도 아닌 것 같이 될 것이며 멸망할 것이라

네가 찾아도 너와 싸우던 자들을 만나지 못할 것이요

너를 치는 자들은 아무것도 아닌 것 같고 허무한 것 같이 되리니

이는 나 여호와 너의 하나님이 네 오른손을 붙들고 네게 이르기를

두려워하지 말라 내가 너를 도우리라 할 것임이니라

버러지 같은 너 야곱아, 너희 이스라엘 사람들아 두려워하지 말라

나 여호와가 말하노니 내가 너를 도울 것이라

네 구속자는 이스라엘의 거룩한 이이니라

보라 내가 너로 이가 날카로운 새 타작기로 삼으리니

네가 산들을 쳐서 부스러기를 만들 것이며

작은 산들을 겨 같이 만들 것이라

네가 그들을 까부른즉 바람이 그들을 날리겠고

회오리바람이 그들을 흩어 버릴 것이로되 너는 여호와로 말미암아

즐거워하겠고 이스라엘의 거룩한 이로 말미암아 자랑하리라

가련하고 가난한 자가 물을 구하되 물이 없어서 갈증으로

그들의 혀가 마를 때에 나 여호와가 그들에게 응답하겠고

나 이스라엘의 하나님이 그들을 버리지 아니할 것이라

내가 헐벗은 산에 강을 내며 골짜기 가운데에 샘이 나게 하며

광야가 못이 되게 하며 마른 땅이 샘 근원이 되게 할 것이며

내가 광야에는 백향목과 싯딤 나무와 화석류와 들감람나무를 심고

사막에는 잣나무와 소나무와 황양목을 함께 두리니

무리가 보고 여호와의 손이 지으신 바요 이스라엘의 거룩한 이가 이것

을 창조하신 바인 줄 알며 함께 헤아리며 깨달으리라

이사야 41장 8-20절

이스라엘아, 내가 택한 야곱아, 나의 벗 아브라함의 자손아, 하나님의 복음이 없는 땅 끝에서부터 너를 불러내어 택하였노라고 말씀하셨다. 이제 나는 너의 하나님이니 너를 굳세게 하고, 너를 도울 것이며 나의 의로운 오른손으로 너를 붙들리라고 하셨다.

하나님의 오른손은 각별한 의미를 가지고 있다. 천지창조의 능력과 권위, 높고 거룩하신 위엄과 명예를 나타내며 총애와 축복이 전달되는 매체라고 쓰여 있으며 성경사전 속에 있는

'오른손'의 의미가 몇 가지 예문들이 소개되어 있다.

이스라엘야곱이 오른손을 펴서 요셉의 둘째아들 에브라임의 머리에 얹고 장자인 므낫세의 머리에는 왼손을 얹어 축복하니 요셉이 아버지여 그리하지 마시고 오른손을 장자인 므낫세의 머리에 얹으소서 하였으나 이스라엘이 듣지 아니하고 에브라임을 므낫세의 머리 위에 두었듯이 오른손의 축복은 인간의 의지가 아니라 하나님의 섭리대로 진행하여 감을 볼 수 있다.

특별히 오른손으로 안수하는 이유는 하나님의 오른손은 만유의 주재로서 백성을 구원하시는 권능의 상징이고 오른손이야말로 창조의 능력이나 특별한 위엄과 영광, 최고의 지위를 상징하는 것이다창세기 48장 14-20절.

또한 주의 오른손이 그 권능으로 영광을 나타내시고 여호와의 오른손이 원수를 부수시니다. 주께서 오른손을 드신즉 땅이 그들을 삼켰나이다.

주의 오른손은 주의 백성들, 선민들에게는 보호하시는 자애로우신 손이시나 대적자들에게는 두려움을 느끼게 하시는 심판의 손이신 것이다.

시편 등 여러 곳에서도 주의 오른손의 권능을 자주 나타내고
있다.

주께 피하는 자들을 그 일어나 치는 자들에게서 오른손으로

구원하시는 주여 주의 기이한 사랑을 나타내소서.

시편 17편 7절

또 주께서 주의 구원하는 방패를 내게 주시며 주의 오른손이

나를 붙들고 주의 온유함이 나를 크게 하셨나이다.

시편 18편 35절

거기서도 주의 손이 나를 인도하시며

주의 오른손이 나를 붙드시리이다.

시편 139편 10절

그가 일렀으되 여호와께서 시내 산에서 오시고

세일 산에서 일어나시고 바란 산에서 비추시고 일만 성도 가운데

강림하셨고 그의 오른손에는 그들을 위해 번쩍이는 불이 있도다.

신명기 33장 2절

주의 이 같은 오른손으로 우리를 붙드시고 도우시리니 두려

워 말라 약속하셨다. 그리고 말씀하시기를, '네게 노하던 자들이 수치와 욕을 당할 것이요 너와 다투는 자들이 아무 것도 아닌 것 같이 될 것이며 멸망할 것이라. 이제 나는 너희의 구속救贖자요 이스라엘의 거룩한 자니라 하시는 일련의 말씀을 따로 외우려고 하지 않았는데도 순식간에 다 암기되었다.

하나님은 나를 비롯해서 사람들을 지렁이 같다 하셨다. 지렁이처럼 무기력하고 답답한 야곱과 이스라엘 사람들이지만 이제부터는 내가 너희를 도울 것이니 두려워하지 말라고 하셨다.

'성경의 그 많은 말씀들 중에서 왜 이런 말씀이 마음에 들어오며 다 암기까지 되는 것일까?'

이것은 분명 하나님이 내게 주시는 말씀이기 때문이라고 생각하며, 또 무슨 일이 내 앞에 일어나며 다가올 것인지 궁금했다.

이 말씀을 받은 지 얼마 안 되어서 남편은 청주에 있는 모 대학의 총장으로 초빙을 받아 지방으로 내려가니 우리 가정은 졸지에 이산가족이 되었다. 그때 위로 두 아이는 학업을 마치고 직장을 다녔지만 아래 두 아이는 아직 고등학생인데 고등학교 3학년도 있으니 나는 집을 떠날 수가 없었다.

남편은 그 대학을 중위권까지는 발전시켜 놓겠다는 각오를 가지고 갔는데 일 년 반쯤 지나자 재단과 뜻이 맞지 않는다며 대학 총장직을 그만 두겠다고 했다.

나는 길이 아니면 가지 않는 그의 성격을 믿고 있었기에 왜 냐고 묻지 않았다.

대학 총장을 그만두고 몇 달이 지나지 않아 남편은 참으로 어려운 일이 생겼다고 했다. 나는 가슴이 덜컹 내려앉아 또 무 슨 일이냐고 다그쳐 물었더니 곧 있을 지방선거에서 도지사 후 보로 논의가 되고 있는데 피하기가 어려운 분위기 같다고 했 다. 평소 선거에는 나서지 않겠다던 그이므로 상당한 부담을 느끼고 있는 것 같았다.

그 말을 듣는 순간 이사야 41장의 말씀들이 떠오르며 내게 주신 말씀을 이루시려는 하나님의 섭리라 하는 생각이 들었다. 그래서 주님은 우리에게, '나의 오른손으로 너희를 붙들어 주 리니 두려워 말라' 하신 것이다. '두려워 말라 내가 너와 함께 함이라. 놀라지 말라 나는 네 하나님이 됨이라. 내가 너를 굳세 게 하리라. 참으로 너를 도와주리라. 참으로 나의 의로운 오른 손으로 너를 붙들리라. 하셨으니 이 말씀은 우리에게 주시는 말씀이 틀림없다는 생각이 들었다. 그리고 다시 한 번 더 '내가 도우리니 두려워 말라.' 하셨다.

그래서 나는 다시 곤지암에 있는 소망교회 수양관에 들어가 이사야 41장 8절부터 20절까지의 받은 말씀을 깊이 묵상하며 2박 3일간의 기도에 들어갔다.

'나의 종 너 이스라엘아, 나의 택한 야곱아, 나의 벗 아브라함의 자손아!' 이 부르심은 그간 내가 하나님의 연단을 받은 후 나의 영적 족보다. 나는 이제 영적으로는 '아브라함의 자손'이 되었고 '이스라엘이요 시온 백성'이 된 것을 말씀하셨다. 주께서 택하신 야곱의 족속이요, 유다를 통해서 야곱의 후손으로 오신 그리스도의 영으로 구속하심을 받은 새로운 피조물임을 일깨워 주시는 말씀이라고 생각되었다.

그간 고난의 때를 겪어온 과정을 생각하면 어찌 이 족보를 아니라고 거부할 수 있겠나? 긴 세월 눈물로 받은 이 족보는 정말 나에게 귀한 것이었고 나는 그 소속감에 감격했다. 그러므로 이 말씀 중의 부르심은 우리를 부르신 것이다. 내가 너를 땅끝, 즉 주를 안 믿는 곳에서 너를 불러내고, 땅 모퉁이, 즉 믿음이 약한 곳에서 너를 불러내었지만, 내가 너를 싫어서 버리지 아니하고 그 가운데서 취하여 나의 종으로 택하였으니 너는 이제 나의 종이라고 하신 것이다.

그리고 '두려워하지 말라, 내가 너와 함께 함이니라. 놀라지 말라. 나는 네 하나님이 됨이라. 내가 너를 굳세게 하리라. 참으로 너를 도와주리라. 참으로 나의 의로운 오른손으로 너를 붙들리라.'[5] 하신 것은, 이제 나는 너의 하나님으로서 나에게는 이미 너를 향한 계획이 있고, 내 뜻 안에 있으니 너를 누가 감히 어찌하겠느냐 하는 말씀으로 받아들여졌다. 이제 내가 너를 굳세게 할 것이며, 참으로 도와줄 것이며, 참으로 나의 의롭고 강한 오른손으로 너를 붙들어 줄 것이니, 너는 그 어떠한 일이 있어도 놀라지 말라는 말씀이다.

나는 여기에서 하나님이 모세를 부르실 때 모세를 안심시키시며 그에게 용기를 주셨던 일을 상기하며 주신 말씀에 순종하겠다고 다짐하였다.

'보라 내가 너로 이가 날카로운 새 타작기로 삼으리니 네가 산들을 쳐서 부스러기를 만들 것이며 작은 산들은 겨같이 만들 것이라. 네가 그들을 까부른즉 바람이 그들을 날리겠고 회오리바람이 그들을 흩어 버릴 것이로되 너는 여호와로 말미암아 즐거워하겠고 이스라엘의 거룩한 이로 말미암아 자랑하리라.'[6]

---

5 이사야 41:10

6 이사야 41:15~16

이 말씀은 머지않아서 우리가 수행해야 할 역할을 말씀하시는 것이다. 광야와 같고 사막과도 같이 거칠고 메마른 곳에 여호와의 손이 지으신 것과 이스라엘의 거룩한 자의 창조를 보이시며 헤아리고 깨닫게 하시려는 것이다. 이러한 하나님의 역사에 우리를 '이가 날카로운 새 타작기'처럼 도구로 쓰시기 위해 부르신 것이다.

하나님께서는 충북 사람들을 위해 새로운 계획을 펴내려 하시는 것이다. 그리고 새 술은 새 부대에 담기 위해 우리를 새 부대로 부르신 것이다. 기존에 쓰던 헌 기계가 아니라 '이가 날카로운 새 타작기'로 택정하신 것이라 생각했다. 그리고 출마 후 승리까지도 약속하시는 말씀이니 하나님께 이렇게 택하심을 받았다면 순종 밖에는 다른 도리가 없다. 토기장이가 빚어 놓은 토기가 왜 나를 이렇게 만들었으며 왜 이렇게 쓰시느냐고 할 수도 없는 것이 아닌가? 필요해서 지으시고 필요한 데 쓰시겠다면 오직 지으신 분의 뜻에 따르는 것이 피조물의 운명이다.

선거 전에 주신 말씀 가운데, '보라, 네게 노하던 자들이 수치와 욕을 당할 것이요, 너와 다투던 자들이 아무 것도 아닌 것 같이 될 것이며 멸망할 것이라. 네가 찾아도 너와 싸우던 자들을 만나지 못할 것이요, 너를 치는 자들은 아무 것도 아닌 것 같고, 허무한 것 같이 되리니^{이사야 41장 11-12절}' 하신 말씀도 그대로 다 이루어졌다.

이제 두고 보아라. 너를 몰아세우며 너를 해치려는 자들이 아무 것도 아닌 것 같이 허무하게 다 흩어져 네가 만나려고 찾아도 만나지 못할 것이라고 한 말씀도 감탄할 만큼 그대로 이루어졌다.

어떤 사람은 건강으로, 또 어떤 사람은 법정 시비로 어려움을 겪으며 다 흩어져 정말 만날 수조차 없게 되었다. 참으로 신기하고 기가 막히는 말씀의 능력을 체험한 것이다.

하나님 보시기에 지렁이같이 볼품없고 무기력한 존재지만 '두려워하지 말라, 내가 너희를 도울 것이라. 너희의 구원자는 이스라엘의 거룩한 자니라.' 하신 말씀을 기억하며 하나님이 더욱 가깝고도 두려워졌고 거룩하신 분이라 느꼈다.

'이스라엘의 거룩한 자!' '하나님의 어린 양,' '죽임을 당하신 어린 양,' '빛나고 지극히 높은 보좌 위에 앉아 계시는 어린 양,' 나에게는 이런 낱말들이 험난한 세상을 살아가는 데 있어 커다란 의지이며 소망이기도 하지만, 또 이 말씀들은 나에게 엄청난 구속拘束이기도 하다. 이 어린 양을 생각하면 내 마음 내키는 대로 행동하지 못하는 것도 많기 때문이다.

그러나 이 구속이야말로 진정한 자유의 길이다. 예수님 한 분에게만 구속되면 나머지 세상을 향해서는 모두 자유롭다. 왜냐하면 그분은 만유의 근본이시기에 세상의 법이나 도덕을 다 덮고도 남는 진리이기 때문이다.

그러나 그분을 벗어나 있는 영혼은 세상 모든 일, 아주 작은 일에도 걸리고 넘어지기가 쉽다.

하나님께서는 또 우리 지역의 미래에 대한 약속의 말씀도 미리 주셨다.

'내가 자산에 강을 열며 골짜기 가운데 샘이 나게 하며 광야로 못이 되게 하며 마른 땅으로 샘의 근원이 되게' 하겠다고 하셨다.

옛날 구약시대의 이스라엘과 아라비아 지역은 정말 물이 돈보다 귀하여 샘은 재산의 상징적인 표현이라 할 수 있었다. 특히 사막이 많은 근동지방의 사람들은 물론 모든 생물들에게 물은 생존의 필수적인 조건이요 모든 생명체들의 기본바탕이다. 옛날뿐 아니라 지금이라도 광야에 맑은 물이 솟아오르는 물웅덩이를 가질 수 있다면 그 가치는 돈으로 계산하기가 어려울 것이다. 사람은 돈이 없는 것은 어느 정도 견딜 수 있지만 물이 없는 것은 정말 시각을 버티기 어려운 생존의 필수조건의 부재인 것이다. 그래서 하나님은 메마른 산과 골짜기마다 냇물이 흐르고 연못이 되게 하겠다고 하셨다.

충청북도는 특별히 넓은 평야가 있어서 농사를 짓는 데 좋은 여건을 가지고 있는 것도 아니고, 바다가 있어서 해산물을 얻을 수 있는 곳도 아니며, 그렇다고 특별한 자원이 있는 곳도 아니다 보니 이렇다 할 지역경쟁력을 갖추지 못한 지역이었다.

하나님께서는 이러한 지역의 어려운 부르짖음에 응답하시고 충북 땅을 버리지 아니하신다고 약속하신 말씀이다. 그리고 그동안 헐벗었던 산에 강이 흐르게 하고, 메말랐던 골짜기에 샘이 솟아나며, 거친 광야에 연못이 생기게 하고, 황폐했던 광야에는 백향목과 아카시아와 화석류와 올리브 나무를 심고, 사막에는 잣나무와 소나무와 황양목도 함께 있게 하리라고 하셨다. 여기에서 '나무'라 하심은 기업을 말씀하시는 것으로 받아들여졌다. 다시 말하면, 먹고 살 수 있도록 기업을 일으켜 황무하고 메마른 충북 땅을 기적과 같이 변화시키고 젖과 꿀이 흐르는 땅으로 만드시겠다는 약속의 말씀이라고 생각했다.

인간의 힘으로는 광야나 사막에 나무들을 자라게 할 수 없지만 창조자의 권능으로 그렇게 만드시겠다는 것이다. 이것이 창조자·토기장이·이스라엘의 거룩한 자의 주권적 권능이며, 지으신 자가 당신의 필요에 따라 창조에 수정을 하시는 데 무슨 이의가 있을 수 있겠나? 평소 깨닫지 못하던 무리들이 그것을 보고서야 여호와의 능력으로 이루어진 것임을 깨닫고 알게 하시겠다는 것이다.

이 말씀은 지방선거에 돌입하려는 입장에서 보면, 하나님이 계획하신 일에 우리를 도구 삼아 쓰시겠다는 것으로 받아들여졌다.

② 선거운동

선거운동은 사활을 걸고 싸우는 전쟁터와도 같다. 유권자들의 지지를 하나라도 더 이끌어 내는 쪽이 승리하기 때문이다. 차라리 남의 지갑 속에 넣어 둔 돈을 훔쳐내는 것이 더 쉽지, 가슴속에 있는 마음을 얻어내기란 정말 어려운 일이라는 것을 이 선거운동을 통해서 깨달았다. 나는 약간의 대인기피증이 있어서 선거운동이란 체질에도 안 맞고 표를 구걸하러 다니는 것 같아 아예 나서지 않으려 했었다. 그런데 여성부장을 비롯한 선거운동원들이, '그렇게 하면 선거운동 자체가 성립되지 않는다. 도대체 말도 되지 않는 소리다!'라며, 그저 따라다니기라도 해야 된다며 나를 다그쳤다. 그래서 어쩔 수 없이 끌려다니기는 했지만, 아무나 보고 절하면서 표를 구걸하며 다니는 것이 영 마음에 내키지 않고 구차스럽게만 느껴졌다.

그러나 시간이 지나면서 길거리 선거운동이 경쟁적으로 가열되고 후보자간의 TV토론이 불꽃을 튀기는 것을 보니 나도 모르게 마음이 그 속으로 쓸려 들어가면서, '아! 이제는 이것저것 체면을 가리며 느긋할 때가 아니구나! 이왕에 출마했으니 꼭 당선이 돼야 한다.'는 생각이 들었다. 체면이나 자존심은 나중에 가서 생각하기로 했다. 당선과 낙선의 결과는 그 차이가 엄청나다는 생각에 이르자 정신이 번쩍 났다. 승리와 패배의 차이가 아닌가?

– 사찰에서의 선거운동

선거가 실시되는 1998년 6월 4일, 2~3일을 앞두고 선거운동이 한창이던 어느 날 절들을 돌아다녀야 했다. 내게 있어서 선거운동 중에서 가장 민감하고 어려웠던 것은 사찰들을 방문하는 일이었다. 불교는 충북에서 거대한 교세였으므로 선거에서 도외시할 수 없는 대상이었다. 속리산의 법주사나 단양의 구인 사를 비롯하여 전국적으로 이름난 사찰들이 충북에 여러 곳이 있어서 4월 초파일 등의 주요행사가 있을 때면 불교신도들이 충북뿐만 아니라 전국에서 엄청나게 모여 들었다. 그러다 보니 사람이 많이 모이는 행사시기에 맞추어 큰 사찰부터 찾아갔다.

사람들이 많은 곳일수록 선거운동을 하기 좋다지만 나는 너무 힘들었다. 행사에 맞추어 어느 큰 절을 찾아갔는데, 나를 수행한 여성부장이 그곳의 주지스님에게, "도지사 후보 사모님인데 협조를 부탁한다."고 하니 그 스님이 운집해 있는 불자들에게 마이크로 나를 소개하며 중앙의 가장 큰 불상 앞으로 인도하였고 모든 사람의 시선이 내게 집중되었다.

그 순간 나는 눈앞이 아득해지며 현기증이 났다. 그 많은 사람이 지켜보는 앞에서 대법당의 큰 불상에게 절을 해야 하는 절박한 순간이었다. 십계명의 제1엔 '나 외에는 다른 신들을 네게 두지 말라.' 하였고 제2에서는 '그들에게 절하지 말라.'고 분명하게 금하고 있다.

지극히 높으신 분께서 내 안에 성령으로 계시는데 그 몸을 굽혀 우상에게 큰절을 하는 것이 마음에 허락되지 않았다. 아니, 나는 결코 할 수 없었다. 십계명 중에도 제1은 '너는 나 외에는 다른 신들을 네게 두지 말라'요, 제2는 '너를 위하여 새긴 우상을 만들지 말고, 또 위로 하늘에 있는 것이나 아래로 땅에 있는 것이나 땅 아래 물속에 있는 것의 어떤 형상도 만들지 말며, 그것들에게 절하지 말며, 그것들을 섬기지 말라.'고 한 이 말씀은 하나님의 특명이시다. 그리고 '나 네 하나님 여호와는 질투하는 하나님인즉 나를 미워하는 자의 죄를 갚되 아버지로부터 아들에게로 삼사 대까지 이르게 하거니와 나를 사랑하고 내 계명을 지키는 자에게는 천 대까지 은혜를 베푸느니라.' 하셨다.

나로서는 정말 위기였고 절박한 순간이었다. 내가 만일 이 순간을 이기지 못하여서 수많은 사람 앞에서 제1과 제2의 계명을 어겨 부처님에게 절을 한다면 나는 하나님께 면목이 없고 기도할 때마다 마음에 찔림을 받게 될 것이다. 어려울 때마다 이런 식으로 절을 하며 끌려 다닐 것이면 하나님은 이런 자들을 자신에게서 토하여 내신다 하셨다. 그러나 만일 내가 절하지 않으면 그들의 표가 모두 다른 후보에게로 돌아서게 될 것이니 이를 어찌해야 하나.

말 그대로 위기의 순간이었다. 나는 속으로, '주여 내 머리의 향방을 바로 붙들어 주소서! 나의 이 입장을 보소서. 주여, 나의 입장을 도우소서! 아버지의 계명을 어기지 않도록 지금 이 자리를 지켜 주소서! 주여, 지금 이 순간 이 자리에서 나를 지키소서!' 하는데 언뜻 나의 큰 가방이 생각났다. 그 가방 속에는 하나님의 말씀이 있는 성경책이 들어 있었다.

'말씀은 곧 하나님이시라!'

하나님이 내 안에도 계시지만 성경 속에도 말씀으로 계셨다. 나는 얼른 일어나 가방을 내 앞 일 미터 정도 앞에 가져다 놓았다. 불상과 성경과 나는 일직선상에 있었다.

사람들은 자리가 비좁아서 가방을 앞으로 빼어 놓은 것으로 알고, "사모님, 괜찮아요."라고 했다. 하지만 나는 그들의 생각과 달랐다. 사람들이 볼 때 부처님에게 절하는 것처럼 보였지만 나는 내 앞에 있는 가방 속의 성경책에 절을 했을 뿐이다. 절하는 마음은 가방 속에 있는 성경책에 머무르며 더 이상 나가지 않았다.

내 절은 불자들의 눈에 서투르지 않았을 것이다. 나도 과거에는 열성적인 불자였으니까. 그러나 이제 나의 옛사람은 연단을 통하여 이미 죽었고, 지금의 나는 성령님을 가슴에 모신 주의 새로운 피조물인 것이다.

사찰을 대상으로 한 선거운동은 그런대로 잘 마치고 저녁이 되어 집에 돌아왔지만 나는 마음이 영 개운치 않은 느낌에 사로잡혀 있었다.

"주님! 오늘 저의 행위를 용납하여 주소서!"

오늘 나의 행위는 뱀같이 지혜로운 것인지 아니면 외식하는 것인지 구별할 수 없다는 생각이 들어 마음이 무겁고 개운하지 않았다. 무엇으로라도 오늘의 내 행위를 하나님 앞에서 합리화 하든지 회개를 하여 용서받고 당위성을 찾아야 할 것 같았다. 그래서 성경을 여기저기 뒤져 보는데 열왕기 하에서 나아만 장군의 문둥병 대목을 보게 되었다.[7]

나아만은 아람 군대의 수장이지만 문둥병 환자로서 많은 고통을 당하는 중이었다. 그런데 그 집에는 이스라엘에서 어린 소녀 하나를 포로로 잡아다가 부리는 계집종이 하나 있었다. 그 소녀가 나아만 장군의 아내에게 이르되, "우리 주인이 사마리아에 계신 선지자 앞에 계셨으면 좋을 뻔 하였나이다. 그가

---

7 왕하 5:1~6

나병을 고칠 수 있나이다." 하는 말을 아내에게 전해들은 나아만 장군은 지푸라기라도 잡아 보자는 심정으로 마음이 동하였을 것이다.

나아만 장군은 아람 왕에게 들어가서 이스라엘 땅에 나병을 고칠 수 있는 선지자가 있다고 말하니 아람 왕이, "그렇게만 된다면 얼마나 좋겠느냐? 한번 가 보라." 하며 이스라엘 왕에게 보내는 글까지 써 주었다.

이에 나아만 장군이 마련한 돈과 선물을 왕이 써 준 글과 함께 많은 수행원을 거느리고 이스라엘에 가서 왕에게 전하니, '이스라엘 왕이 그 글을 읽고 자기 옷을 찢으며 이르되, 내가 사람을 죽이고 살리는 하나님이냐? 그가 어찌하여 사람을 내게로 보내 그의 나병을 고치라 하느냐? 너희는 깊이 생각하고 저 왕이 틈을 타서 나와 더불어 시비하려 함인 줄 알라.' 하였다.[8]

이때 하나님의 사람 선지자 엘리야가 이 소식을 듣고 왕에게 이르기를, "왕이 어찌하여 옷을 찢었나이까? 그 사람을 내게로 보내시면 이스라엘 중에 선지자가 있음을 알게 하겠나이다." 하였다.

---

8 왕하 5:7

이에 나아만 장군이 말들과 병거를 거느리고 선지자 엘리사를 찾아가 집 문 앞에 서서 보기를 청하였는데 엘리사는 나오지도 않고 사환을 내보내어 요단강에 가서 일곱 번 목욕을 하라고 했다. 그는 엘리사 선지자가 직접 나와서 정중하게 맞이하고 굽실거리며 자기의 환부를 돌아보며 조치해 줄 것으로 알았으나 선지자는 집에서 나오지도 않고 사환을 시켜 요단강에 가서 목욕이나 일곱 번을 하라고 하니 그는 매우 섭섭했다. 매우 홀대받았다고 생각한 나아만은 모욕감과 수치심으로 몹시 화가 났다. 그래서 그는, "우리 나라에는 강이 없어서 여기까지 온 줄 아느냐? 아람에 있는 강들은 이스라엘의 어느 강보다도 크고 맑은 강이 많다. 또 내 나라 왕의 친서와 많은 선물을 너희 사환에게 주려고 여기에 가지고 온 줄 아느냐?" 하며 화가 나서 그냥 돌아가려 했다.

그러자 그 종들이 말리며 권유하기를, 이보다 더 큰일이라도 하라 하면 해야 할 것인데 어차피 여기까지 왔고 몸도 씻어야 하니 요단강에 내려가서 일곱 번 몸을 담그며 씻어보라고 권하였다.

이에 나아만이 말에서 내려 요단강 물에 목욕을 하며 일곱 번째 몸을 담그고 일어서니 그의 살이 어린아이와 같이 깨끗하게 회복되었다.

나아만은 모든 군대와 함께 하나님의 사람 엘리사에게 도로 찾아와서, "내가 이제 이스라엘 외에는 온 천하에 신이 없는 줄을 아나이다." 하며 기쁘고 감격하여 엘리사에게 다시 와서 선물 받기를 간청하였다. 그러나 엘리사는, "내가 섬기는 하나님 앞에서 맹세코 받지 아니하리라." 하고 거절하였다.

나는 이 대목에서 하나님의 무한한 권능의 감격을 억제하지 못하고 뜨거운 느낌을 받았다.

이러한 권능의 선지자가 더 이상 무엇이 필요할까?

그까짓 나아만 장군의 몇 가지 선물?

하나님의 선지자 엘리사는 나아만의 모든 차원 위에 있었다.

이에 나아만이 엘리사에게 한 가지 용서해 주시기를 원하는 것이 있었는데, 그것은 자기네 왕이 림몬 신당에 들어가 경배할 때 그가 자신을 의지하여 절을 하여 나까지 몸을 굽히게 되니 이를 용납하여 주기를 바라는 것이었다.

이에 선지자 엘리사가 한 순간의 주저함도 없이 말하기를, "너는 염려하지 말고 평안히 가라." 하였다.

"아! 이것이다."

바로 이 말씀이 내 마음을 개운하게 해주었다. 엘리사의 흔쾌한 대답에서 나는 해방감을 느꼈다.

마음에서 우러나 절을 올리는 것이 아니라 어쩔 수 없는 상황 때문에 몸을 굽히게 되는 것은 예배하는 것이 아니라는 점에서 나는 기쁨마저 느꼈다. 나 역시도 나아만 장군처럼 그저 엎드렸을 뿐 진정한 예배를 드린 것이 아니라 절은 오직 가방 속에 있는 하나님의 말씀이 계신 성경에 했을 뿐이다. 하나님은 그 중심을 꿰뚫어 보실 것이라고 생각했다. 엘리사가 지금도 있다면 분명 나에게도, "너도 염려하지 말고 평안하라." 했을 것이다.

'아! 위대한 신앙의 이 믿음!'

나는 가슴이 뛰었다.

나는 또 다른 절에서도 같은 어려움을 겪었다. 단양지역에 있는 큰 절에 갔더니 여기는 신도들이 들어오는 절 입구와 대법당에 대형 스크린을 설치해 놓고 오가는 불자들의 일거수일투족을 다 볼 수 있게 해 놓았다. 부처님 오신 하루 전날이라서 사찰 본부사무실에는 많은 사람들로 발 하나 들여놓을 틈이 없었다. 우리 일행은 인파를 헤치고 안으로 들어갔다. 그리고 그곳에서 여성부장이 나를 소개하자, 사람이 너무 많아 바쁘니 우선 법당부터 들르고 나서 오라는 것이었다.

이번에는 가방도 안 가지고 왔다! 이런 일이 또다시 닥칠 줄

이야!

많은 사람이 스크린을 통해 나를 보게 될 것인데, 절을 하긴 해야겠고 참으로 난처했다.

나는 법당에 들어서면서 마음속으로 기도했다.

"하나님! 제가 또 이런 자리에 섰습니다.

저를 돌아보소서. 하나님은 저의 마음속을 꿰뚫어 보시나이다.

주의 계명 안에 있도록 이 순간도 지켜 주소서!

저를 계명 안에 있게 하소서!"

그리고 나서 앞을 바라보니 큰 법당 안에 굵은 나무기둥이 양쪽에 하나씩 서 있는데 오른쪽에 있는 기둥 옆에 누군가 흰옷을 입은 사람이 팔을 벌린 채 서 있는 것이 보였다. 그는 옥양목 같아 보이는 흰색 천으로 만든 한복을 입고 있었다. 그는 기둥에 가려서 반 정도만 보였는데 두 팔을 벌리고 서 있는 모습이 십자가를 연상케 하면서 여기 내게 절하라 하는 것으로 느껴졌다.

'아! 주께서 나를 지키시는구나!'

나는 그 기둥 옆에 서 있는 그 사람에게 절을 했다. 뒤에서 나를 보는 사람들은 내가 부처님께 절하는 것으로 보았을 것이다. 나는 그가 누구인지 알 수 없지만 급하고 간곡한 마음으로 구했으니 하나님이 보내신 영이라 생각했다.

– 산삼 이야기

어제는 일곱 개의 절을 돌았고 오늘은 일곱 군데의 교회를 다니기로 되어 있었다.

첫 번째가 청주시 가경동에 있는 S교회였다.

교회에 들어가서, "이번 도지사 선거에 출마한 이 후보 가족입니다. 인사도 올리고 부탁 좀 드리려고 왔습니다." 라고 하니 목사님이 깜짝 놀라는 표정으로, "아니 누구라고요?" 되물으면서 나를 유심히 바라보았다. 나는 불편하게 해드렸나 싶어 민망하기에 바로 돌아서 나오려는데 "잠깐 들어오시죠!" 하셨다. 내가, "다녀야 할 곳이 많아서 부탁만 드리고 가겠습니다." 라고 했지만 목사님은, "저도 오늘은 사모님만큼이나 바쁜 날입니다만, 잠깐만 들어오십시오." 하며 당회장실로 우리 일행을 안내했다. 그리고 목사님은 사모님에게, "여보, 그 맡긴 것 지금 가져오시오." 하셨다.

잠시 후에 사모님이 무엇인가를 신문지에 말아 싼 것을 가지고 나오시는데 우리 일행은 생전 처음 대면하는 우리에게 무엇을 보이시려는 것일까 하며 서로 의문의 눈길을 주고받았다.

목사님이 신문지에서 꺼내신 것은 놀랍게도 산삼이었다. 목사님은, "우리 교인이 산에 갔다가 캐 온 것인데 이 후보님에게 전해 주세요." 라고 하였다.

"아니, 왜 이것을 저희에게 주십니까?"

내가 펄쩍 뛰며 일어서서 나오려는데 목사님이 앞을 막으시며, "이것을 가져가십시오. 그래야 내 마음이 편합니다." 하신다.

'그것은 또 무슨 소리?

갈수록 의문이 커지는데 목사님이 설명을 해주셨다.

교인 중의 한 사람이 산에 갔다가 이 산삼을 캐어서 선물로 가져왔는데, 그 산삼을 먹으려고 감사기도를 하던 중에 선거 벽보에서 보았던 이 후보의 얼굴이 선명하게 떠올라서 그대로 덮어 두었단다. 그러고 나서 다음날에 먹으려고 기도하는데, 이상하게도 또 이 후보의 얼굴이 선명하게 떠오르는 바람에 먹지 않고 그대로 덮어 두었다는 것이다.

너무도 이상해서 목사님은 기도를 하셨단다.

"하나님! 이것을 이 후보에게 주라는 뜻입니까? 만일 그러하시다면, 삼 일 안에 이 후보와 연결되는 사람을 만나면 그에게 전해 주고 전할 수 있는 사람을 만나지 못하면 제가 먹겠습니다.”

그런데 바로 그 다음날 아침에 내가 그 교회를 방문하게 되었고, 가장 가까운 배우자가 나타났으니, 목사님이 보시기에 우연이라 치기에는 너무나도 신비로운 일이 아닐 수 없었을 것이다.

나는 그래도 받을 수 없다면서 그냥 나오려는데 목사님의 표정이 완강하셨고, 심지어 화를 내려고까지 하셨다. 옆에서 지켜보던 사모님이, “그러면 큰 것은 드리고 작은 것 하나만이라도 당신이 드셔요.” 하신다. 나는 사모님의 마음이 이해되어 죄송했다. 나라도 그런 마음이었을 것이다. 나는 민망하여 등에서 땀이 났다.

‘산삼이라면 몇 백만 원에서 천여 만 원까지 갈 수도 있을 터인데 왜 처음 보는 우리에게 주려 하는 것일까? 도지사로 당선이 될지 안 될지도 모르는 상황이고, 더구나 전혀 알지도 못하는 사이인데…….’

나는 마음이 너무도 복잡하고 불편했다. 나뿐만 아니라 누구라도 이런 경우에 처해 있다면 불편했을 것이다. 나는 참으로 부담스러운 것을 억지로 받아 가지고 교회를 나왔다.

그런데 더욱 신기한 것은 그날 저녁 TV에서 산삼의 구별법과 먹는 법을 자세히 소개하는 것이었다. 이것이야말로 하나님께서 우리에게 주신 귀한 선물이라는 생각이 들어 놀라운 은혜에 감사하며 하나님께 기도를 드렸다.

"은혜와 사랑이 넘치시는 하나님!

작은 손수건 하나라도 그냥 주지 않는 이 세태世態에 하나님의 영적 지시에 순종하여 이렇게 산삼까지 저희에게 주신 장목사님에게 영성을 칠 배나 더하여 주셔서 성도들에게 영의 양식을 선포하심에 부족함이 없도록 하여 주시고, 기도하실 때마다 풍성한 응답이 있게 하여 주소서. 하나님의 권능으로 섭리하사 그 교회에 큰 부흥이 일어나도록 목사님과 교회를 붙들어 주시옵소서!

우리의 육신에게는 건강을 주시고 목사님께는 예배보다 더 귀하다는 순종을 하나님께 드렸으니 육신의 건강은 물론 영적으로도 각별하신 용기와 담대함으로 하나님께 영광을 올릴 수 있는 기회와 영성을 허락하여 주옵소서.

예수 그리스도의 이름으로 기도하나이다. 아멘!"

③ 수양관의 2박 3일

결국 남편은 1998년 6월 4일에 치러진 지방선거에 출마하여 75대 25라는 압도적인 표 차이로 당선되어 제30대 충북도지사로 취임하였다.

나는 언제부터인지는 몰라도 특별한 말씀을 받거나 신경이 쓰이는 일로 마음이 불편하거나 간구하는 일이 생기면 수양관에 들어가서 2박 3일로 기도하는 습관이 있었다.

이 수양관은 소망교회의 부설기관으로 경기도 광주군 실촌면 건업리에 있는데, 교회의 수련회나 추모예배 또는 집중기도회나 각 개인이 절박한 소원이 있을 때 가서 깊은 기도를 드리는 곳이다.

나는 이곳에서 내 인생의 중요한 기도 응답을 60~70퍼센트나 받았다. 하나님께서는 우리를 위하여 좋은 계획을 가지고 계셔도 기도로 구하지 아니하면 주시지 않으시겠노라 하셨으니 구하고 또 구했다에스겔 36장 37절. 구하는 이들만 받을 수 있는 특권이다.

"하늘에 계신 아버지여, 너무나 감사합니다!

저희 충청북도의 경제를 아시고 나무가 자랄 수 없는 곳에 나무를 심으시듯 하나님께서 저희 지역에 기업이 있을 수 없는 곳에 기업을 일으켜 주시겠다고 약속해 주시니 얼마나 감사한지요. 성경의 말씀은 반드시 이루시는 하나님의 약속이심을 믿습니다.

우리 지역을 크게 발전시키시며 우리 충청북도로 인하여 영광을 받으소서!

하나님의 도우심과 살아 역사하여 주셨음을 모든 무리가 깨닫고 하나님께 큰 영광을 올려 드리는 역사가 꼭 일어나게 하소서!

예수 그리스도의 이름으로 기도하나이다. 아멘."

나는 기도를 마치고 집에 돌아와서 남편에게 말했다.

하나님께서 우리에게 일곱 개의 나무를 주시겠다고 하셨는데, 이 일곱 개의 나무가 상징하는 것은 이 지역에 우선 급하게 있어야 할 일곱 분야의 사업을 뜻하고, 그것을 하나님께서 열어 주시려 하시는 것이니 당신이 도지사로 있을 동안 이루어야 할 일 일곱 가지만 말하라고 했더니 남편이 그 일곱 가지를 메모지에 적어 주었다.

① 오창 과학단지 조성

② 오송 생명과학단지 조성

③ 호남고속철 분기 역 오송 유치

④ 밀레니엄타운 개발

⑤ 문장대 용화온천 개발저지

⑥ 특급호텔 유치

⑦ 중부권 물류기지 건설

이것은 남편의 자의적인 생각에서 나온 것이 아니라, 하나님께서 그를 일하는 '새 타작기'로 택하셨으니 그를 도구로 삼아 주님의 뜻을 펼치시려는 것이다.

하나님은 영이시니 그분의 뜻을 우리에게 전달하실 때는 항상 사람을 통하여 하신다. 구약시대에는 여러 선지자를, 신약에 들어와서는 예수 그리스도가 보내신 성령을 받은 성도들을 통하여 하셨다. 반드시 꼭 성도들만을 통해서는 아니지만 대개는 그리하셨다. 그런 의미로 볼 때 이 일곱 가지 프로젝트는 남편을 도구로 삼아 하나님의 이루시고자 하시는 뜻을 말한 것이다.

첫째, 오송 생명과학단지는 백향목에 비유하시고
둘째, 오창 과학단지는 싯딤나무
셋째, 호남고속철 분기 역 오송 유치는 감람나무
넷째, 밀레니엄타운 개발은 화석류
다섯째, 문장대 용화온천 개발 저지는 화양목
여섯째, 특급호텔 유치는 잣나무
일곱째, 중부권 물류기지 건설은 소나무에 비유하며 이루겠다고 하셨다.

여기에서 나무는 모두 기업企業을 상징하여 말씀하시는 것이라고 생각했다. 이것들은 모두 가련하고 빈핍한 자가 물이 없어 혀가 마르는 것과 같은 빈핍한 땅 충청북도를 구원하시려는 하나님의 계획이셨다.

나는 그 일곱 가지 사안을 놓고 매일 새벽기도를 다니며 기도하고 구했다.

하나님께서는 밀레니엄타운 개발을 제외하고는 당신의 약속대로 중요한 여섯 가지 기도를 다 들어주셨다. 그 중에서도 오송의 전철역 유치는 충북 입장에서는 엄청난 대어를 낚은 것이었다. 대한민국 전 국토를 X자 축으로 볼 때 국토의 한가운데 위치하여 향후 육상교통의 요충지요 내륙 물류의 중심지가 될 수 있다는 확신이 들었다. 특히 오송 전철역은 남북통일이 되었을 경우 시베리아철도TSR 및 중국철도TCR를 거쳐 유럽까지 연결되면서 그 역할과 중요성은 더욱 지대해질 것이다.

이토록 미래의 중심지로 떠오르는 오송에는 예루살렘의 정한절기의 양떼처럼 사람의 떼로 채우시리라고 믿는다. 하나님은 이제까지의 충북이 가진 가장 뒤처졌던 약점을 가장 큰 장점이 되게 하신 놀라운 능력과 지혜를 보이신 것이다. 오송 생명과학단지나 오창 과학 산업단지의 조성은 전통적 농업 지역이던 충북이 첨단산업지역으로 전환하는 데 획기적인 계기가 될 것을 확신한다.

남편은 이것이 충청북도가 경쟁사회 가운데서 살아남기 위한 유일한 길이라는 것을 깨달았다.

또 '보라, 내가 너로 이가 날카로운 새 타작기로 삼으리니 네가 산들을 쳐서 부스러기를 만들 것이며 작은 산들을 겨같이 만들 것이라. 네가 그들을 까부른즉 바람이 그들을 날리겠고 회오리바람이 그들을 흩어 버릴 것이로되 너는 여호와로 말미암아 즐거워하겠고 이스라엘의 거룩한 이로 말미암아 자랑하리라.'는 말씀도 주셨다 사41:15-16.

여러 가지 사업을 하려면 작은 산들이나 언덕을 깎아 단지를 조성해야 할 필요가 있음도 알고 계신 것이다. 실제로 오창단지와 오송단지를 조성하기 위해 포크레인 등의 중장비가 수없이 투입되어 작업하는 것을 보았다. 구릉이나 산자락이 신속하게 깎여 나가는 모습이 마치 바람에 흩날리는 겨와 같았으며 쉽게 평지를 이루어 가는 것을 보고는, 하나님을 자랑하고 즐거워하게 될 것이라고 너무나도 구체적으로 말씀해 주신 데 대해 놀라움을 금치 못하였다.

단지 내에는 각 기업 종사자들과 주민들을 위한 수천 세대의 아파트와 생활인프라도 함께 건설되면서 새로운 도시가 이루어 졌다.

지금 여기에는 IT와 BT 등 첨단산업체들은 물론 외국의 회사들도 들어와 성업 중이다. 서울로 말하면 강남권과 같은 신도시를 열어 주신 것이다.

하나님은 어찌 이리도 자상하고 섬세하게 인간들의 삶 속으로 들어오시며 약속을 지켜주실 수가 있을까, 놀라움에 감탄이 절로 나온다.

이제 충북은 가련하고 빈핍하여 혀가 마르는 지역이 아니라 바이오산업을 가장 먼저 시작했던 선진 도道로서 성장해 가고 있음을 볼 때 나는 무조건 하나님께 감사할 따름이다.

이것은 조물주의 특권으로 기적을 행하여 주신 것이라고 생각한다. 사막에는 아무 나무나 풀도 나지 않도록 창조하셨지만 필요하시다면 자기의 주권적 권능으로 숲을 이루실 수 있다는 것을 보여 주신 것이다. 오직 창조하신 이가 자신의 창조를 필요에 따라 조정하시는 것이다.

그러나 모든 것은 과정이 필요하다. 어느 시인의 말처럼 바람에 흔들리지 않는 나무가 어디 있으며 굳은비에 젖지 않고 피는 꽃이 없듯이 하나의 열매가 익으려 해도 겨울의 눈보라를 이기고 봄철에 꽃을 피워야 하고 여름의 무더위와 태풍을 이겨야 하는 것 같이 하나님이 하시는 일에도 과정이 필요함을 보여 주신다.

하나님은 도깨비 방망이를 가지고 일하시는 분이 아니시다. 그러므로 결실을 거두려면 그에 합당한 땀을 흘려야 하고 하나님의 때를 기다려야 한다.

1990년대 말경, 남편은 도지사에 취임한 후 하나님이 깨우쳐 주신 대로 충북에 바이오산업을 제창하고 나섰다. 그러나 도민들은 바이오가 도대체 무엇에 쓰는 것이냐며 협조는 고사하고 비난도 많이 했었다. 이러한 부정적인 여론에 부딪히고 산업단지 조성에 반대가 심할 때는 또 수양관에 들어가서 이 장애를 거두어 주시라고 하나님께 구하고 기도했다.

"하나님! 이것은 저희의 사적인 계획이나 개인 욕망을 위한 것이 아닙니다. 남편은 오직 하나님의 뜻을 수행하고 있는 '일하는 새 타작기'일 뿐입니다.

저들이 이 일을 막는 것은 하나님의 뜻을 막는 것으로 생각합니다. 강하고 어려운 장애가 다각도로 하나님의 뜻을 막고 있사오니 길을 열어 주시고 지혜와 용기를 주소서!

저희는 하나님이 내려 주신 이사야 41장의 말씀들을 묵상하며 오직 하나님의 말씀에 순종해 가고 있음에 위로와 용기를 가집니다. 하나님의 약속은 신실하시며 변함이 없으심을 믿고 반드시 이루어 주실 것을 믿습니다.

예수 그리스도의 이름으로 기도하나이다. 아멘!"

수양관의 삼일기도는 내 삶의 장애가 있을 때마다 하나님께 고하는 나의 무기요, 어려운 일들을 풀어가는 공식이었다.

남편은 도민들이 바이오에 대해서 이해를 못 하고 반대가 심하니 우선 속도를 늦추기로 하고 바이오 엑스포BIO EXPO를 먼저 열어서[9] 바이오가 무엇인지, 또 왜 해야 하는가를 이해시키고 홍보한 후에 구체적 사업에 들어가야겠다고 했다.

그런데 이 엑스포를 하는 것도 만만치 않았다. 지금은 이미 많이 알려져서 낯설지 않은 용어가 되었지만 당시만 해도 농촌에서는 "도대체 바이오가 뭐하는 것이냐? 그것이 밥 먹여 주느

---

9 충청북도에서는 2002년 가을(9.25~10.25) '2002 오송 국제 BIO EXPO'를 개최했다.

냐?"며 여기저기서 반대가 심했다. 반대하는 사람들 중에는 쓸데없는 곳에 혈세를 낭비한다며 가축 분뇨를 가지고 와서 투척하는 일까지 벌어졌다.

　나는 그럴 때마다 다시 수양관에 들어가 기도를 하면서 하나님으로부터 응답을 받든지 아니면 그 반대를 포용할 수 있는 마음의 여유를 얻어 가지고 나왔다. 들어 주시지 않으시는 것도 또 하나의 응답임을 그 과정을 통해서 깨닫고 배웠다. 어린 아이가 칼을 장난감으로 가지고 놀려 할 때 주지 않는 것처럼 사람들이 구하는 것이 하나님의 뜻에 맞지 않을 때 주시지 않는 것임을 느낄 때는 진정한 마음으로 감사하며 가벼운 발걸음으로 돌아오게 되는 것이다.

④ 두 번째 선거

　그러는 중에도 세월은 쏜살같이 지나가고 임기 4년이 얼마 남지 않았다.
　일에 쫓기다 보면 시간이 더 빨리 가는 것을 느낀다. 계속 더 일하려면 선거를 또 치러야만 한다. 나는 또 수양관에 들어가서 하나님의 뜻을 물으며 기도했다.

"하나님, 저희의 재출마를 좋게 여기시면 저희의 앞길을 형
통하게 열어 주시고 뜻이 아니시면 그만하게 하셔서 재선 출마
준비로 일어날 모든 낭비와 피해를 막아 주옵소서. '너희가 오
른쪽으로 치우치든지 왼쪽으로 치우치든지 네 뒤에서 말소리
가 네 귀에 들려 이르기를 이것이 바른 길이니 너희는 이리로
가라.이사야 30장 21절' 하여 바른 길을 가르쳐 주신다 하신 말씀으
로 기도를 드리오니 저희에게 가르치소서."

이렇게 기도했을 때 하나님께서는 신명기 33장의 말씀으로
명쾌하게 답을 주셨다.

이스라엘이여 너는 행복한 사람이로다

여호와의 구원을 너같이 얻은 백성이 누구냐 그는 너를 돕는 방패시요

네 영광의 칼이시로다 네 대적이 네게 복종하리니

네가 그들의 높은 곳을 밟으리로다

신명기 33장 29절

선거 출마 여부를 묻는 자에게 이보다 더 명쾌하고도 확실한
응답이 또 있을까? 하나님의 영광의 칼이 내게 있으니 나의 적

이 내게 복종하며 내가 그들의 높은 곳, 그들의 지휘본부 곧 영
린을 발로 밟는다 하셨으니 참으로 명쾌하고 만족한 응답이 아
닐 수 없다. 승리는 이미 보장된 것과 다름없었다.

　나는 이 말씀을 인쇄하고 코팅하여서 남편의 책상 위에 책받
침으로, 승용차 안에 햇빛가리개로 비치해 놓고, 또 얇은 한지
에 이 말씀을 써서 남편의 지갑 속 안 쓰는 칸에다가 부적처럼
넣어 두었다.

　선거란 역시 복잡하고도 힘든 일이라서 약속의 말씀을 확신
하면서도 최선을 다해 선거를 치렀고, 그 결과 2002년 6월 13일,
선거에서 하나님 말씀대로 넉넉히 재선되었다.

그리고 남편이 준비해 오던 바이오 엑스포가 9월 25일에 드디어 개막했다. 이 엑스포는 흥미 위주가 아니라 도민 교육에 초점을 맞추어서 30만 명을 목표로 하였지만, 그 세 배에 조금 못 미치는 80만 명이 넘게 다녀갔고, 바이오에 무관심했던 농민들도 바이오 농업이 적힌 플래카드를 내걸기 시작했다. 드디어 도민 모두가 바이오의 중요성에 대해 인식의 통합이 이루어진 것이다.

그 결과 우리나라 최초로 생명과학단지가 오송에 조성되면서 '바이오토피아 충북' 시대가 열리기 시작하였다. 이것이 어찌 우리가 이루어 낸 것이겠는가? 결국 하나님께서 광야에 백향목을 두신 것이다.

앞에서도 말했듯이 여기의 나무들은 기업을 상징하고 있는 것이다. 백향목은 하나님의 성전 등 귀한 건축물에 쓰이는 목재로써 잘 썩지도 아니하며 벌레나 좀에게도 강한 나무라고 들었다.

이 엑스포에 사람들이 이렇게 많이 올 수가 없는데, 어디서 이렇게 많은 사람이 왔는지 도청 직원들도 놀랍게 생각했다.

그러나 나는 하나님의 말씀을 확실히 받았고 확신했으므로 조금도 이상한 것이 아니었다. 하나님을 모르는 사람들은 이상하겠지만 말씀 앞에 선 자에게는 하나님의 약속이심을 알고 있기에 다만 감사가 넘쳐났다.

그렇다. 나같이 여호와의 구원을 얻은 자도 흔하지 않으리라. 주께서는 분명 나와 함께 하고 계시다!

⑤ 삼선을 묻다

그러는 중에도 어느덧 또 삼 년이 흘러 남편의 도지사 임기가 일 년밖에 남지 않았다.

또다시 계속해야 할지 말아야 할지 고민할 때가 되었다.

이럴 때 내가 가야 할 곳은 한 군데뿐이다. 수양관에 가서 하나님 아버지의 응답을 받는 것이다. 수양관 입구를 지나 언덕을 올라가면서, "하나님 아버지!" 하고 부르는데 갑자기 '내가 이렇게 감히 천지의 주재이신 절대자를 아버지라 불러도 되는 것인가?' 하는 생각이 새삼스럽게 들었다. 하나님은 우리를 두고 '벌레 같고 지렁이 같다' 하셨는데, 진리와 법도의 본체이신 분을 내 마음대로 아버지라 부를 수가 있다는 것이 놀라웠다.

그래서 내 마음껏 아버지라 부르고 싶은 마음이 더욱 솟아났다.

"하나님 아버지! 아버지 하나님!"

아무도 없는 빈 기도실에서 큰 소리로 불러 보았으나 대답이 없으시고 기도실만 울렸다.

우리를 벌레와 지렁이 같다 하신 주님을 이렇게 쉽게 아버지라 부르는 것은 지난날의 죄의식을 너무 빨리 잊어버린 뻔뻔한 모습이 아닐까도 생각하니 구약의 므비보셋이 떠올랐다.

다윗이 자기를 아끼며 사랑했던 요나단이 그 아버지 사울과 함께 멸문의 화를 입고 전사하고 없는 것을 안타깝게 여기며 다윗이 요나단과의 약속을 기억하고 "아직도 사울의 가문에 남은 사람이 있느냐? 내가 그 사람에게 하나님의 은총을 베풀고자 하노라" 하니 사울의 종이었던 시바가 "요나단에게 아들 하나가 있는데 다리를 저나이다."하고 아뢰었다. 이에 다윗이 사람을 보내어 암미엘의 아들 마길의 집에서 그를 데려왔으니 그는 사울의 손자요 요나단의 아들인 므비보셋이었다. 그가 다윗 왕에게 절하며, "이 종이 무엇이기에 왕께서 죽은 개와 같은 나를 돌아보시나이까?"라고 한 말이 생각났다.

이 말은 내가 주님께 드렸어야 할 말이었다.

므비보셋은 나보다 나았다. 그는 우상을 섬기며 따라다니지도 않았다. 조상들의 몰락된 가문에서 홀로 남아서 남의 가문에 은거 중이던 므비보셋은 우리에게 많은 긍휼을 느끼게 했으나 나는 스스로 가증하고 더러운 것을 쫓아다니던 자가 감히 지극히 높으신 분을 향하여 이처럼 쉽게 경건도 갖추지 않은 채 집에서 아버지 부르듯 하여도 되는 것인지 두려운 생각이 들었다.

이토록 놀라운 은혜와 예수 그리스도의 희생이 생각나서 나는 아무도 없는 수양관 예배실에서 감사의 눈물을 흘렸다. 나의 옛일을 이렇게 속량해 주신 하나님께서는 나의 눈물의 의미를 아실 것이라 생각하며, 그리고 또 대책 없는 인간들의 죄를 예수님의 희생으로 다 막아 주신 은혜에 감사하며 196장 찬송을 불렀다.

성령의 은사를 나에게 채우사 주님의 사랑 본받아 나 살게 하소서
성령의 은사를 나에게 채우사 정결한 마음 가지고 나 행케 하소서
성령의 은사를 나에게 채우사 더러운 세상탐욕을 다 태워 주소서
성령의 은사를 나에게 채우사 영원한 주님 나라에 나 살게 하소서.
아멘!

삼선을 앞두고 어찌할 바를 물으러 왔다가 곁길로 한참을 빠져 들어가던 나는 잠에서 깨듯 묵상에서 깨어나 다가오는 총선에서 어찌할 바를 물었다.

"하나님 아버지!
주의 도우심으로 저희 두 번째 임기를 잘 지내고 있습니다.
일에 바쁘다 보니 벌써 임기가 얼마 남지 않았습니다.
저희의 삼선에 대해 여쭙고자 여기에 왔습니다.
저희가 또 다가오는 세 번째 선거에 어찌해야 할 것인지 주의 뜻을 알기 원하나이다."

이렇게 기도하고 찬송을 하는데 가슴과 배 사이에서 느껴지는 소리도 아니고 말도 아닌 무언가로 뜻이 전달되어 왔다. 뭐라고 어떻게 명확하게 표현할 수는 없으나 이런 뜻이 전달되어 왔다.

"네가 밥을 한 번 먹었지? 먹고 또 먹었지? 그럼 이제 그만 먹어라. 너의 몸에 해로울까 하노라."

그래서 "밥이라니요? 밥이 뭡니까? 밥이 아니라 삼선을 묻는 것입니다." 하니, "안다, 알아." 하시는 것 같았다.

나는 엎드린 채 묵상해 보았다.

'밥? 밥이 뭐야? 하나님께서 내 물음의 의미를 모르실 리가 없을 텐데……. 그렇다면 도대체 밥과 삼선이 무슨 상관이 있는지 골똘히 생각하는데 불현듯 '밥그릇 싸움'이란 말이 머릿속에 떠올랐다. 밥이란 공직의 녹을 먹는 우리의 생활을 상징적으로 말씀하시는 것이다. 이제 '공직의 밥은 그만 먹어라.' 즉 도지사 출마를 그만하라 하시는 것이다. 이제 공직을 그만해도 '내가 너희를 모든 더러운 데에서 구원하고 곡식이 풍성하게 하여 기근의 너희에게 닥치지 아니하게 할 것이며 또 나무의 열매와 밭의 소산을 풍성하게 하여 너희가 다시는 기근의 욕을 여러 나라 남들에게 당하지 아니하게 하리니'[10] 하시는 것이다.

수양관에서 돌아온 나는 기도할 때 받은 메시지를 듣거나 말거나 남편에게 전하고, 모든 결정은 그가 하는 대로 따르리라 하였다.

그때 지역의 여론조사를 통한 지지율은 남편이 60%가 넘었고 다음 경쟁자가 12%, 그 다음이 8% 정도였다.

그러나 나는 그가 세 번째의 도전을 하지 않을 것임을 알아차렸다. 그에게서 아직까지 선거에 또다시 임하려는 자세가 보이지 않았기 때문이다. 서울에서 온 딸들도, "아빠, 이제 그만하세요. 그동안 너무 많이 늙으신 것 같아요. 안색이 피곤해 보이시는데 그러다가 병나시면 어떻게 해요." 하면서 삼선을 반대하였다. 그렇지 않아도 "몸에 해로울까 하노라" 하신 차였다.

나는 그의 결단을 살피고 있었다. 그는 그 인생의 가장 완숙한 삶을 충북에 다 바쳤고 구상한 것들을 거의 다 이루었기 때문에 아쉬울 것도 없을 것이라는 생각을 했다.

---

10 에스겔 36:29~30

남편은 2006년 1월 4일, 선거를 6개월 남겨 놓은 어느 날 전격적으로 불출마와 아울러 정계은퇴 선언을 했다. 나도 예상은 했지만 갑작스러운 그의 발표에 놀랐다.

하나님은 역시 남편을 당신의 뜻대로 주장해 가셨다. 말씀으로 우리를 충북 땅에 인도하셨고, 물러나는 것도 때를 좇아 인도해 주셨다.

남편의 은퇴선언을 지역 정가에서는 큰 충격으로 받아들였다. 그리고 경향 각지의 언론들은 「아름다운 용퇴」, 「물러날 때를 아는 충북지사」 등 대서특필로 공직의 마무리를 아름답게 전해 주었다.

하나님은 우리에게 기적과 같은 은혜 속에 살게 하셨고 좋은 길, 올바른 길로만 인도하셨다.

그분의 선하심과 인자하심이 우리를 지켜 주심을 믿고 감사했다.

PART 04

함께해 주시는
하나님

: 천국에 대한
   확신

어느 날 새벽예배 때 목사님이 설교 도중에 질문을 하셨다.

"여러분 지금 당장 죽어도 천국에 들어갈 수 있다고 확신하시는 분 손 좀 들어 보세요."

서로가 돌아보며 아무도 손을 들지 않았다.

"아니, 이렇게 자신들이 없으십니까?"

그래도 대답하는 사람이 없었다.

그때 나도 지금 당장 죽으면 천국에 들어갈 수 있을지 자문했다.

그 궁금증은 며칠을 갔다. 이 의문은 기독교인들에게는 그냥 넘길 일이 아니었다. 이것은 기독교인들의 삶의 궁극적인 목표이기 때문이다. 나는 다른 일로 기도할 것도 있었고 그 물음에 대한 응답도 얻고 싶어서 소망 수양관에 또 들어갔다.

수양관 언덕을 올라가면서 중얼거렸다.

"하나님 아버지! 이번에 제가 하나님께 꼭 확인을 받을 것이 있어서 왔으니 응답을 주셔야 합니다. 수양관을 나가기 전에 반드시 응답 주시기를 기도합니다. 예수 그리스도의 이름으로 간절히 기도드립니다. 아멘!"

저녁식사를 마치고 기도실에 들어가서 성경을 보고 찬송을 마음껏 부르며 하나님께 기도를 했다. 나는 찬송을 한번 시작하면 보통 한 시간 내지 한 시간 반을 부른다. 이렇게 찬송을 부르고 나면 마음에 싫었던 것, 답답했던 것들이 다 비워지면서 찬송의 구절구절이 은혜로 다가와 마음이 시원해짐을 느끼며 기도의 시작이 온다.

"아버지 하나님! 오늘 아침 새벽기도 때 목사님이 물으셨습니다. 여러분은 지금 당장 죽어도 천국에 갈 수 있다고 생각하는 사람은 손 좀 들어 보라고 하셨습니다.

저는 지금 죽으면 천국에 갈 수 있습니까? 아니면 무엇이라도 아직 성화가 부족하여 천국에 들어가지 못하겠는지요? 아니면 좀 더 기다리다가 때가 오면 갈 수 있겠는지요?

꼭 응답을 주세요."

하나님께 이렇게 기도하고 찬송 부르며 첫날 밤을 보냈으나 마음에 아무런 반응을 받지 못했다. 또 다음날도 온종일 성경을 보고 '성찬기'를 하며 보냈다. 성찬기란 바로 성경 보고, 찬송하고, 기도하는 것을 말한다.

그러나 아무런 응답도 없이 또 하루를 넘기며 두 번째 밤을 자고 나니 이제 오늘은 기도를 끝내고 집에 돌아가는 날이다. 2박 3일을 정하였으니 이제 셋째 날 오찬을 하면 퇴실을 해야 하는데 아직 아무런 응답을 받지 못하여 초조해졌다.

'이번엔 빈 마음으로 돌아가는구나! 주님께서 말씀 한 구절 주시면, 아니 느낌이라도 주시면 내가 기쁘게 돌아갈 수 있을 텐데……' 하는 아쉬운 마음으로 기도를 했다.

"주님! 제가 여기에 왔습니다.

이곳은 주님의 약속이 있는 자리입니다.

역대하 7장 15절, 16절에서 말씀으로 약속하셨습니다.

'이제 이곳에서 하는 기도에 내가 눈을 들고 귀를 기울이리니 이는 내가 이미 이전을 택하고 거룩하게 하여 내 이름을 여기에 영원히 있게 하였음이라. 내 눈과 내 마음이 항상 여기에 있으리라.' 하신 '이곳'입니다. 바로 이곳에서 아버지께서 나를 눈으로 보시고 마음으로 생각해 주시는 자리임을 저는 확신합니다.

이제 집으로 돌아가려 합니다. 지금까지 침묵하시니 제 기도가 부족한지요? 아니면 하나님의 뜻에 합당치 않은 기도를 드렸는지요? 저를 그냥 빈손으로 돌려보내려 하시나이까?" 기도를 하며 답답한 마음으로 성경을 들추는데 골로새서 3장이 눈에 띄었다.

그러므로 너희가 그리스도와 함께 다시 살리심을 받았으면 위의 것을
찾으라 거기는 그리스도께서 하나님 우편에 앉아 계시느니라
위의 것을 생각하고 땅의 것을 생각하지 말라
이는 너희가 죽었고 너희 생명이 그리스도와 함께
하나님 안에 감추어졌음이라
우리 생명이신 그리스도께서 나타나실 그때에
너희도 그와 함께 영광 중에 나타나리라
그러므로 땅에 있는 지체를 죽이라
곧 음란과 부정과 사욕과 악한 정욕과 탐심이니 탐심은 우상 숭배니라
이것들로 말미암아 하나님의 진노가 임하느니라.

골로새서 3장 1-6절

아! 이것이 바로 하나님의 응답이다!

나는 이미 죽은 것처럼 이 땅의 모든 것에 대해 미련을 두지 말라 하셨고 나의 생명이 그리스도와 함께 다시 살리심을 받았다 하셨다. 영생을 얻었다는 것이리라. 그리고 내가 하나님 안에 감추어져 있으며 그리스도께서 나타나실 그때에 그분과 함께 영광 중에 나타나리라 하셨으니 이것은 분명 내가 구한 것 이상의 응답이다.

아! 나는 드디어 구원의 응답을 받았고 천국에 들어갈 수 있게 되었다는 생각에 감격을 억제하지 못했다.

원하는 대학의 합격증을 받았을 때에 비할 수 있을까? 이 세상에서 가장 높은 학위라 하더라도 이에 비할 수가 있을까? 왜냐하면 나는 새로운 영생을 허락받기 때문이다.

나는 이것으로 만족하다. 나는 이미 죽었고 내 생명이 그리스도와 함께 하나님 안에 감추어져 있다 하셨는데 그리스도 그분이 누구시기에 내가 감히 그분과 함께 하나님 안에 감추어질 수 있다는 말일까?

'너희가 이미 죽었다' 하심은 죽은 자처럼 이 세상 것에 연연해하지 말라는 것이다. 세상의 것들은 대개 음란과 사욕, 악한 정욕과 탐심, 우상숭배를 품은 것들이기 때문이리라.

이런 것들로 인하여 하나님의 진노가 임하신다 하였다.

하나님은 곧이어 디모데전서의 말씀과 경건에 관한 훈련까지 생각나게 해주셨다.

누구든지 다른 교훈을 하며 바른 말 곧 우리 주 예수 그리스도의

말씀과 경건에 관한 교훈을 따르지 아니하면

그는 교만하여 아무 것도 알지 못하고 변론과 언쟁을 좋아하는 자니 이

로써 투기와 분쟁과 비방과 악한 생각이 나며

마음이 부패하여지고 진리를 잃어버려 경건을 이익의 방도로

생각하는 자들의 다툼이 일어나느니라

그러나 자족하는 마음이 있으면 경건은 큰 이익이 되느니라

우리가 세상에 아무 것도 가지고 온 것이 없으매

또한 아무 것도 가지고 가지 못하리니

우리가 먹을 것과 입을 것이 있은즉 족한 줄로 알 것이니라

부하려 하는 자들은 시험과 올무와 여러 가지 어리석고 해로운 욕심에

떨어지나니 곧 사람으로 파멸과 멸망에 빠지게 하는 것이라

돈을 사랑함이 일만 악의 뿌리가 되나니

이것을 탐내는 자들은 미혹을 받아 믿음에서 떠나

많은 근심으로써 자기를 찔렀도다.

디모데전서 6장 3-10절

그리고 빌립보서의 말씀까지도 읽는 즉시 외워졌다.

주 안에서 항상 기뻐하라 내가 다시 말하노니 기뻐하라

너희 관용을 모든 사람에게 알게 하라 주께서 가까우시니라

아무 것도 염려하지 말고 다만 모든 일에 기도와 간구로,

너희 구할 것을 감사함으로 하나님께 아뢰라

그리하면 모든 지각에 뛰어난 하나님의 평강이 그리스도 예수 안에서

너희 마음과 생각을 지키시리라.

빌립보서 4장 4-7절

짧은 시간 내에 이렇게 많은 말씀을 주시고 내가 구하는 것 이상의 응답을 주셨다.

나는 기뻤다. 천국에 들어가기를 원했는데 천국 주인의 안에 이미 감추어져 있다 하셨으니 넘치게 주신 은혜의 말씀을 받은 것이다. 이제까지 살아온 육신을 벗은 후엔 영원히 헤어지지 않을 영생을 약속받은 것이다.

역시 하나님께서는 나를 텅 빈 마음으로 보내시지 아니하시고 흔들어 넘치도록 후히 응답해 주셨다. 주님은 내가 주님의 연단을 받은 후에는 언제든지 나의 기도에 넉넉히 응답해 주셨다.

나는 이제부터 성령께서 실망하시며 나를 떠나시지 아니하

시도록 구원된 자의 삶을 살 의무가 있다.

나는 항상 즐겨 부르는 찬송가 95장을 목이 터져라 부르고 또 불렀다.

1) 나의 기쁨 나의 소망되시고 나의 생명이 되신 주
   밤낮 불러서 찬송을 드려도 늘 아쉰 마음뿐일세
2) 나의 사모하는 선한 목자는 어느 꽃다운 동산에
   양의 무리와 늘 함께 가셔서 기쁨을 함께 하실까?
3) 길도 없이 거친 넓은 들에서 갈 길 못 찾아 애쓰며
   이리 저리로 헤매는 내 모양 저 원수 조롱하도다
4) 주의 자비롭고 화평한 얼굴 모든 천사도 반기며
   주의 놀라운 진리의 말씀에 천지가 화답하도다
5) 나의 진정 사모하는 예수님 음성조차도 반갑고
   나의 생명과 나의 참소망은 오직 주 예수뿐일세

나의 생명이 그리스도와 함께 하나님 안에 감추어져 있다면, 또 그리스도께서 나타나실 그때에 우리도 그리스도와 함께 영광 중에 함께 나타날 것이라면, 그 이상 더 바랄 것이 없지 않은가!

그리고 또, "너희는 그 말씀을 소망하고 모든 사람에게 관용

하며 아무 것도 염려하지 말고 오직 모든 일에 기도와 간구로 너희 구하는 것을 감사함으로 여호와께 아뢰라." 하시며 주신 말씀을 지키고 살며 마지막의 때를 기다리라는 말씀을 받고 돌아왔다.

이것은 내 나이와 내 입장에 비춰 볼 때 아주 절묘하게 맞추어진 말씀이다.

나는 감탄하며 감사하고 또 감사했다.

나는 그 후로 주님 앞에서 믿음의 여유를 더 많이 느끼며 마음이 평안했다. 멀리만 있던 믿음에서 그리스도께 더 가까이 다가간 느낌이다. 그리고 마음껏 말씀을 사모하며 모든 것에 자유함을 느꼈다. 하나님의 계명을 따르면 진정한 자유에 이른다. 그분의 계명은 완전하기 때문이다.

하지만 사람이 어찌 하나님의 그 계명을 완전히 지킬 수 있을까만 내 중심에 그리스도께서 보내신 성령님이 계심을 확신하며 "하나님! 나에게 너무나도 많은 귀한 것들을 주셨는데 저는 드릴 것이 없어요. 저는 움직이면 그저 죄를 흘릴 뿐이니 내 안에 내가 살지 않게 하시고 내 안에 계신 성령님의 영을 따라 살게 하소서!" 하고 기도했다 예수님은 내 모든 삶에 성령과 함께 아주 가까이 계셔서 항상 나를 바라보고 계셨다. 내가 흙죄을 묻히려 하면 "하지 마라." 하셨고 지나치려교만 하면 "그만 하라." 하셨다.

이것은 주께서 나를 지키고 계시다는 증거이다.

"주님! 이제까지는 주님을 두려운 마음으로 믿었지만 이제부터는 정말 주님을 사랑합니다."

나는 이 귀한 응답의 약속을 최선을 다해 순종하며 지키기로 다짐했다. 그리고 하나님의 속량으로 사랑을 받는 자는 그분의 사랑을 나누라 하셨다. 너와 네 가족이 나누고, 네 이웃에 나누고, 네가 만나는 모든 사람들 간에 나누라 하셨다.

하나님의 사랑을 받은 자는 거울이 태양빛을 받았을 때 지체 없이 그 빛을 반사함같이 그 사랑을 지체함이 없이 반사하기를 원하셨다. 이것은 하나님의 계명 중 가장 큰 계명이다. 사랑 없이는 이 복된 말씀을 이웃이나 아무에게도

나눌 수가 없기 때문이다.

나는 나 스스로가 귀하게 여겨졌다. 내 존재 자체가 귀하기보다 나에게는 이 소명을 전해야 하는 파수꾼의 임무가 있기 때문이다.

이제 나는 겹생[11]하는 사람이다. 내가 죽으면 끝이 아니고 영생을 입을 것이며, 죽으면 낭떠러지 지옥에 가지 아니 할 것이니 이제 나의 삶은 보람되게 열매를 맺는 삶을 살아야 한다는 생각이 들었다.

　　나는 이 기쁨을 여러 사람과 나누고 싶은 마음에서 지금 이 글을 쓰고 있다. 모든 이들과 함께 구원을 받는 것이 하나님을 기쁘시게 해 드리는 것이며, 나에게도, 나눔을 받는 자들에게도 진정한 축복이 될 것이기 때문이다.

---

11 육신으로 사는 땅 위의 생명과 하늘나라의 생명이 함께 하는 삶

:하나님이 함께 하여 주신 일들

이제까지는 나를 조명하여 온 성경 말씀들을 위주로 간증했지만, 말씀 없이도 나에게 함께 하여 주셨던 일들 몇 가지를 더 기록하려 한다.

하나님은 나의 연단의 기간만큼은 나에게 특별하셨다.

① 모습을 보여 주신 예수님

1997년 6월 27일 새벽 5시 반이 가까워지고 있었다. 새벽예배를 드리려고 모두가 앉아서 목사님이 오시기를 기다리던 중에 언뜻 앞을 보니 예수님이 교회 본당 강대상 우편의 낮은 자리에 앉으셔서 두 손을 이마에 대고 머리를 숙인 자세로 기도

하시는 모습이 보였다.

　나는 깜짝 놀라 '내가 지금 무엇을 보고 있는 것일까?' 하면서 다시 한 번 더 확인을 했는데도 분명히 잠깐 더 보이셨다. 졸면서 본 것이 아니라 새벽 맑은 정신으로 보았다.
　20여 년 전의 일이지만 지금도 그때 예수님의 모습이 생생하게 기억난다.

예수님은 이처럼 아침마다 이곳에 임하셔서 새벽기도 나온 성도들의 중보기도를 해주시지만 우리가 그것을 눈으로 보지 못할 뿐이라는 생각이 들었다.

나는 그 이후로 예수님께서는 우리의 예배에 항상 이렇게 함께 하여 주심을 깨달았다.

머리에는 테를 두르고 계셨다. 지금은 잘 안 쓰지만 옛날에 많이 사용했던 노끈 같은 것으로 두어 겹 둘러 만들어진 것 같은 테를 머리에 두르고 앉아 계셨다. 그리고 머리에 두르신 테에는 4~5cm 간격으로 매듭이 있었는데, 옛날 한복 저고리에 달았던, 옷감을 꼬아서 만든 단추 같아 보였다. 우리가 예수님의 성화聖畵에서 많이 보았던 가시면류관의 위치에는 가시 대신 옷감으로 만든 단추 같은 것이 붙어 있었다. 몸에 걸치신 옷은 무슨 색인지 구별하기 어려울 정도로 아주 연한 색이었는데 옷감이 얇아서 가볍게 보였고 양 어깨가 여자같이 왜소해 보였다. 그리고 기도하시는 모습이 아주 진실하고 간절한 느낌을 받았는데, 그 모습은 마치, '너희도 나와 같이 이렇게 기도하라' 하시며 본을 보이신 것으로 느껴졌다.

나는 그 후부터 새벽기도를 위해 본당 성전에 들어가면, 예수님께서 지난번에 보이셨던 그 자리에 그 모습으로 앉으셔서 여전히 기도를 하고 계실 것이라는 확신이 든다. 그러니 예수께서 함께하시는 새벽예배가 더욱 경건하고 행복했다.

만져 보고서야 믿겠다고 한 도마는 오히려 솔직한 사람이라는 생각이 든다. 눈으로 보지 않고 믿는 믿음이 더욱 귀하다 했지만, 일단 그렇게 내 눈으로 직접 예수님의 모습을 보았으니 앞으로 나도 도마처럼 확실히 믿을 것이다. 두 눈으로 똑똑히 보았으니 부정도 의심도 할 수 없는 일이다.

그리고 나는, "너희가 내 이름으로 모여 기도하는 자리에 나도 함께 있으리라." 하신 말씀도 믿게 되었다.

그 이후로 620장 찬송을 부를 때마다 예수님이 함께하시는 자리라 생각되어 더욱 은혜와 감사가 넘쳤다.

1. 여기에 모인 우리 주의 은총 받은 자여라 주께서 이 자리에 함께 계심을 아노라

   언제나 주님만을 찬양하며 따라가리니 시험을 당할 때도 함께 계심을 믿노라

2. 주님이 뜻하신 일 헤아리기 어렵더라도 언제나 주 뜻 안에 내가 있음을 아노라

   사랑과 말씀들이 나를 더욱 새롭게 하니 때로는 넘어져도 최후 승리

를 믿노라

3. 여기에 모인 우리 사랑받는 주의 자녀라 주께서 뜻하신 바 우릴 통해
   펼치신다
   고통과 슬픔 중에 더욱 주님 의지하오니 어려움 이겨내고 주님 더욱
   찬양하라
[후렴] 이 믿음 더욱 굳세라 주가 지켜 주신다
       어둔 밤에도 주의 밝은 빛 인도하여 주신다

② 동행해 준 주님의 사자

남편이 충청북도 지사로 있을 때의 일이다.

그간 나의 마음이 반은 청주에, 반은 서울에 있었지만, 막내까지 대학을 간 후에는 나는 아주 청주에 살고 있었다. 그리고 일이 있을 때만 서울에 올라왔었는데 사적인 일로 다닐 때는 기사를 동행하지 않았다.

그날도 여러 가지 일을 모아서 한 번에 처리하기 위해 오랜만에 차를 직접 몰고 서울을 향했다. 올라오는 길에 기흥에 들러 볼일을 대충 보고는 오랜만에 친지들 몇 명이 모여 저녁식사를 하며 이야기꽃을 피우고 있는데 도지사공관 비서로부터

연락이 왔다. 내일 아침에 공식 행사가 있으니 늦지 않게 청주로 내려와야 한단다.

시간을 보니 벌써 오후 7시 반이 넘은 데다가 밖을 내다보니 10월 하순경의 늦가을이라 앞이 안 보일 정도로 깜깜했다. 금방이라도 가을비가 내릴 것처럼 무거운 날씨였다. 현재 위치가 기흥이니 서울 집에 가서 자고 가려면 시간이 많이 낭비되겠고, 또 이튿날 이른 새벽에 떠나자면 불편하기는 마찬가지일 테니 늦었지만 곧바로 청주로 내려가는 것이 낫겠다는 생각이 들었다.

하루 종일 바삐 움직였던 터라 저녁을 먹고 나서 운전석에 앉으니 얼마 안 있어서 졸음이 몰려왔다. 졸리고 피곤한 가운데 어두운 밤길을 운전해 가려니 두려운 마음이 들어 하나님께 기도를 드렸다.

"하나님 아버지!

아이들이 있는 서울 집에도 못 들르고 다시 청주로 내려가야 하는 저의 입장을 아시지요?

그래도 내일 일을 원만히 하려면 지금 가야 하겠는데 너무나 졸리네요.

어두운 밤길이라서 족히 두 시간 정도는 걸릴 터인데 졸음을 참고 가기에는 너무 긴 시간입니다.

아버지 하나님, 저를 좀 지켜 주시면 감사하겠습니다.

그럼 저는 무조건 주님만 믿고 출발하겠습니다.

나의 의지이신 예수님의 이름으로 기도하나이다. 아멘!"

그러고는 청주를 향해 출발했다.

중부고속도로 톨게이트를 지나 한참을 가니 곤지암 입구가 보이고 호법 인터체인지를 앞두고 있었다. 밖을 내다보니 칠흑같이 어두웠다. 늦가을의 오후는 여덟 시나 밤 열두 시나 깜깜하고 앞이 아무것도 안 보이기는 마찬가지였다.

역시 예측한 대로 본격적으로 졸리기 시작했다. 이제는 어두움이 무서운 것이 아니고 졸음이 두려운 것이다.

"주여! 주여!" 해도 소용이 없었다.

졸음을 쫓기 위해 속도를 낮추고 양쪽 차창을 열었다. 그러고는 찬송가를 불렀다. 가사를 모두 기억하는 찬송가 549장을 소리 내어 불렀다.

1) 내 주여 뜻대로 행하시옵소서

　온몸과 영혼을 다 주께 드리니

　이 세상 고락간 주 인도하시고

날 주관하셔서 뜻대로 하소서

2) 내 주여 뜻대로 행하시옵소서

큰 근심 중에도 낙심케 마소서

주님도 때로는 울기도 하셨네

날 주관하셔서 뜻대로 하소서

찬송가 2절까지 불렀을 때 호법 분기점을 좀 지났는데 갑자기 머리가 아주 맑아지며 차 안의 공기가 매우 신선해짐을 느꼈다.

좀 더 빨리 차창을 내릴 것을! 졸리던 분위기가 싹 없어지고 호흡이 얼마나 가볍고 상큼하던지 온몸으로 호흡하는 느낌이 들었다.

'이런 느낌의 호흡도 있구나!'

우리 일상의 호흡도 무겁다고 느끼지는 않았지만 이렇게 맑고 가벼운 호흡은 어디서 오는 것일까? 공기가 상큼하고 달게 느껴지는 이런 호흡은 처음이었다. 이렇게 청결한 공기를 마시면 150살까지는 충분히 살 수 있겠다는 생각이 들었다.

하지만 너무 강한 바람이 들어닥치기에 차창을 올리고 계속

운전을 하며 이천 지역을 지나가는데 갑자기 차 안에 누군가가 함께 타고 있는 느낌이 들었다. 옆자리를 보았으나 아무도 없었다. 그래서 앞의 거울로 뒤를 넘겨다보았는데도 역시 아무 것도 보이지 않았다.

그런데도 이상하게 누군가가 차 안에 함께 있는 느낌이 들었다. 졸리기는커녕 머리가 쭈뼛 서기는 하지만, 왜인가 홍제동 고개를 넘어갈 때 느끼는, 귀신을 본 듯한 그런 섬뜩한 기분은 아닌데도 자꾸만 신경이 쓰였다.

한참을 더 달려 음성휴게소에 이르렀다. 잠깐 들러 갈까 하고 시간을 보니 아홉 시 반이 넘어서 그냥 지나쳤다. 조금 가는데 그 이상한 느낌은 다시 시작되었다. 나는 또다시 옆을 보았으나 여전히 아무 것도 보이지 않았다.

'분명히 느낌은 있는데 아무 것도 보이지 않다니!'

차에서 나는 느낌인가? 아니다. 차와는 분리되어 있는 느낌이다. 이제는 졸린 것이 문제가 아니다. 그냥 지나치기에는 자꾸 신경이 쓰이는 이 존재가 눈에 보이지 않는 것이 문제다. 그러면서도 차는 계속 중부고속도로를 달려 음성을 지났고, 오창 분기점에서 나와 청주에 들어서니 갑자기 차 안의 맑은 공기와 의문의 느낌이 싹 없어져 버렸다. 여기서는 십 분 이내에 공관에 도착할 수 있는 거리만 남았다.

아마도 그 보이지 않던 느낌의 존재는 하나님의 사자였을까? 그 존재는 분명 졸음에서 나를 여기까지 지켜 주고 대전 쪽으로 직진해서 자기의 위치로 갔다는 생각이 들었다. 아니다. 그가 시공의 장애를 받지 않는 영이라면 차에서 곧바로 승천했을지도 모른다.

나는 갑자기 그 기척의 존재가 내게서 떠난 것을 느끼며 마음이 허전했다. 내게 가까이 있던 그 존재를 좇아 끝까지 간다면 나는 하나님 앞에 도달할 수 있을까? 그렇다면 아파서 죽는 과정 없이 하나님 앞에 갈 수 있었던 기회를 놓친 것 같아 서운하기까지 했다. 그러나 내 영혼은 아직 육(肉)에 속해 있으니 어찌 그를 좇아 하나님 앞에 갈 수 있겠는가.

'네가 여기가 어디라고 온 것이냐? 내가 너를 오라 부른 적이 없느니라. 냉큼 돌아가라.' 하실 것만 같았다.

"주님! 어찌 되었든 많이많이 고맙습니다.

졸지도 않고 잘 왔고, 신기하고 귀한 경험으로 지금 가슴 가득 차오르는 뿌듯함을 감당할 수가 없습니다. 주님께서 항상 내 곁에 계신다고 생각하니 너무 기뻐 감격합니다.

아마도 이 경험은 평생 잊지 못할 것입니다.

이렇게 무사히 청주 공관까지 올 수 있도록 지켜 주셨음을 평생 잊지 않겠습니다.

'볼지어다 내가 이 세상 끝날까지 너희와 함께 하리라.'고 약속하신 신실하신 하나님의 사랑을 느끼며 찬양합니다.

항상 우리 곁에 계시며 우리를 지키시는 예수 그리스도의 이름으로 기도 드리나이다. 아멘!"

③ 가슴 아픈 응답

하루는 새벽예배 때 목사님이 설교를 하시면서, "하나님은 우리 모두를 사랑하시고 우리 하나하나를 1대 1로도 사랑하여 주신다."고 하셨다. 나는 새벽기도를 마치고 집으로 돌아오는 길에 하늘에 대고 중얼거렸다.

"하나님이 나를 사랑하신다고요? 73억이 넘는 온 지구의 인구 중에서 저를 어찌 아시고 사랑하십니까? 저는 그 말을 믿을 수가 없어요. 나에게 믿음을 주세요. 악한 세대가 하나님의 징표를 구한다 하셨지만 믿어지지 않으니 어쩔 수가 없네요."

아직 이른 겨울의 아침이라 사람이 전혀 눈에 띄지 않기에 하늘을 향하여 독백같이 중얼거렸다.

그리고 한 이삼 일 후에 무심코 TV를 보고 있는데 가슴 아픈 것을 보았다. 한 네댓 살 정도 된 어린아이가 눈에 암이 들어서 한쪽 눈을 빼냈는데 전이가 되어서 나머지 하나마저도 빼야 한단다. 차라리 태어날 때부터 못 보는 눈을 가지고 태어남이 더 낫지 않았을까! 어차피 못 볼 눈이라면 고통 없이 보지 못하는 것이 낫지 않았을까?

그리고 그 아이의 발등에 굵은 주사를 놓는데 아이가 자지러지게 울어댄다. 나는 순간 방바닥에 펄썩 주저앉아 울어 버렸다. 그 장면은 정말 나에게 깊은 상처를 주었다. 그리고 하나님께 엎드려 기도했다. 아니, 반항을 했다는 말이 더 옳은지도 모르겠다.

"하나님! 어찌 저리도 잔인한 일이 있을 수가 있습니까?

모든 일의 근본에는 하나님이 주권적으로 개입하시는 섭리가 있지 않습니까?

무슨 섭리가 저렇게 잔인하며, 그 치유하시는 권능은 어느 때 쓰시는 것입니까?

저런 때 쓰지 않으시는 권능은 필요 없는 것 아닙니까?

저 아이를 차라리 데려가세요!

온전한 사람도 살아가기 어려운 이 세상에 저 어린 것의 두 눈을 뺀다면 저 아이의 고통이 얼마나 크며, 또 그 인생이 얼마나 지루하고 어렵겠습니까?

하나님은 긍휼이 많으시다 들었습니다. 저 아이 어찌 하시렵니까?

그 많은 사랑과 은혜의 권능은 어디에 쓰시는 겁니까?"

나는 나도 모르게 하나님께 마구 대들고 있었다.

"우리를 사랑하시고 우리의 고난 중에 함께 하신다고요?" 하며 어린아이가 울듯 엉엉 소리 내어 울었다. 그 아이의 어려운 일에 하나님이 너무 무심하신 것 같았다. 아니, 그 아이에게 하나님의 능력을 유기하시는 것이라 느껴졌다. 나는 그 생각으로 며칠간 가슴이 아팠다. 이 감정은 나의 긍휼이 아니고 상처 그 자체인 것이다.

TV를 보면 그런 어려운 일들이 수없이 많은데 왜 유독 저 일에 이렇게 내가 상처를 받는 것일까? 지난번 하나님께 대한 나의 질문이 너무 철없어서 하나님이 섭리하셨나 보다.

나는 기사를 시켜서 그 아이가 어느 병원에 입원했는지 알아

보고 얼마간의 돈을 그곳에 보냈는데, 그 부모가 그 돈을 받으며 누가 주시는 것이냐고 묻더란다.

나는 그 말을 듣는 순간 하나님께 부끄러웠다. 그 돈이 그 아이의 형편에 무슨 도움이 될까마는, 나는 그리하지 않고는 그 순간을 넘길 수가 없었다. 솔직히 말하자면, 그때 그러한 나의 행위는 그 아이를 위해서라기보다는 나 스스로의 아픈 마음을 면해 보기 위해 한 일이었음을 고백한다.

그리고 다음날 새벽기도를 갔을 때, 다시 아파오는 가슴으로 그 아이를 위해 눈물의 기도를 드릴 때 하나님의 뜻을 들었다.

'너, 내가 너를 어찌 알고 사랑하느냐고 그랬었지?

너의 마음이 그 아이를 사랑하고 긍휼히 여겼음을 내가 보았거늘, 너는 그 아이를 잘 알아서 그리 가슴 아파했던 것이더냐?

너도 모르는 아이가 아니었더냐? 그런데 너의 마음이 그 아이를 위하여 그렇게 아픈 것은 어쩜이냐?

이 세상에는 네가 모르는, 그보다 더 어렵고 괴로운 일이 많이 있느니라.

그래서 내가 내 어린 양을 너희 세상에 보내었노라.'

허공에 대고 하나님께 물었던 나의 질문은 너무나도 아픈 체험으로 응답을 받았다. 만일 X-Ray 사진을 찍어 본다면 가슴이 검게 멍들어 있지 않았을까 싶다. 차라리 내가 심한 폭행을 당하고라도 그 아이가 눈을 뜰 수 있다면 폭행을 감수하고 싶었다.

"하나님 아버지! 제가 어찌 하나님을 다 알겠습니까마는, 하나님의 전능하신 권능과 기묘막측하신 지혜를 다 동원하셔서라도 저 아이의 삶을 눈 이상의 것으로 보충하여 주소서. 하나님이 처음부터 저 아이에게 못 보게 하시고 육감과 영감으로만 살도록 태어나게 하신 것처럼 저 아이의 삶에 지장이 없게 하시고 하나님의 긍휼로 불편함이 없게 하소서!

아는 것이 모두 하나님의 섭리로 열어 주시는 것만큼 알고, 불편한 것도 그 허락하신 것만큼 불편할 줄로 아나이다.

정말 그 아이가 생활에 불편함이 전혀 없게 하시고 평안하도록 지켜 주시기를 간절히 소원하나이다. 주께서 저 아이를 긍휼이 여기신다면 눈을 못 보아도 현실과 지구의 끝 날을 직시하지 못하는 자들보다 더 복된 자가 될 수 있을 줄로 믿습니다.

전지전능하신 예수 그리스도의 이름으로 기도 드리나이다. 아멘!"

기도를 하고 보니 내가 하나님보다 더 선한 척한 것 같다는 생각에 부끄러웠다. 예수님은 나의 이러한 기도를 들으시고 어이가 없어 하셨을 것이라는 생각이 들었다.

④ 쌍무지개

도청에는 간부들 부인으로 구성된 봉사단체가 있다. 모 국장 부인이, "사모님, 우리도 한번 원자력 체험 마을에 견학을 가면 어떨까요?" 하고 내게 건의해 왔다.

견학을 신청하면 버스도 보내 주고 점심 및 기타 비용이 일체 무료이며 원자력에 대한 새로운 지식을 배울 수 있어 좋다고 했다.

자세한 것을 총무과에 알아보니 정부에서 원자력에 대한 거부감이나 두려움을 없애고 안전성을 홍보하려는 노력의 일환으로 실시하는 것이므로 건전하고 유익한 내용이라는 것이었다. 그래서 회원들에게 의향을 물으니 모두들 환영하며 소풍가는 여고생들처럼 기뻐했다. 나이가 들어도 여자들은 역시 여자인가 보다. 나를 포함해서 말이다. 그래서 견학을 가기로 결정했는데, 벌써 여러 곳으로부터 들어온 신청이 밀려서 한 달 이상은 기다려야 한단다.

당장 가야 하는 것도 아니라서 느긋한 마음으로 지나다 보니 드디어 오늘로 차례가 왔다. 그런데 하필이면 칠월 장마, 그 중에서도 비가 가장 많이 오고 있는 이 시기에 차례가 된 것이다.

아침에 약속된 시간이 되니 사십여 명의 회원들이 모두 모였다. 밤새 내리던 비는 그쳤으나 흐리고 비를 잔뜩 머금은 무거운 날씨였다. 금방이라도 다시 비가 쏟아질 것만 같았다. 그래도 모두 날씨에는 관심도 없이 야유회 떠나는 분위기 속에 즐겁게 이야기들을 나누고 있었다.

하지만 나는 마음에 걱정이 가득했다. 혹시나 폭우 속에 제대로 견학할 수 있을지도 문제지만 빗길이라 안전문제가 더 염려되었다. 바로 버스 앞까지 물이 밀려오면 일렁이는 물결에 버스가 뜰 것 같은 두려움이 느껴졌다. 나는 속으로 계속 하나님의 도우심을 구하고 두려운 마음으로 기도했다.

"하나님 아버지! 우리가 고대하던 견학일이 드디어 오늘로 다가왔습니다.

그런데 원자력 견학마을이 바닷가에 있고 비가 많이 오는 장마철이라 걱정이 되나이다.

오늘 여기 같이 가는 회원들 모두 각 가정의 소중한 아내들이요, 자녀들의 어머니요, 또 그들 부모의 귀한 여식들이오니, 주여 우리 모두를 지켜 주시옵소서!

주님! 오늘의 모임을 축복하여 주소서. 비록 날씨가 좋지 않더라도 주께서 돌보시면 저희는 좋은 견학과 추억을 가지고 돌아올 수 있겠나이다.

주님! 여기 모두 40여 명의 하루를 주께 의뢰하나이다. 오늘을 즐겁고 유익한 하루로 보내도록 붙들어 주시면 주께서 도우신 것으로 알고 주께 영광 돌리겠나이다.

우리의 반석이신 예수 그리스도의 이름으로 기도 드리나이다. 아멘!"

그런데 우리 버스가 출발한 지 얼마 안 되어서 비는 그치고 구름 사이에서 햇살이 살짝 비쳤다. 일행은 모두 기뻐하며, "사모님, 기도하셨죠?"한다.

나는 기쁘고 감사한 마음이 되어 말했다.

"자, 우리 함께 기도합시다."

그러고는 모두가 들리도록 소리 내어 기도를 했다.

"하늘에 계신 우리 모두의 아버지 하나님!

우리가 기대와 설렘으로 만난 이 자리를 축복하여 주소서.

주께서 이 시간 비가 그치게 해주시니 저희 모두가 기쁜 마음으로 주님께 감사를 드립니다.

주님, 우리 가정주부들에게는 이런 날이 자주 있지 못하고 항상 생활 가운데서 바쁘다가 벼르고 별러서 이렇게 저희들이 모였습니다.

반가운 얼굴들을 보자 모두들 여학생들처럼 소풍 가는 마음으로 기뻐하고 있습니다. 이들의 기뻐하는 모습을 보니 저도 마음이 즐거워집니다.

주님은 날씨를 비롯해서 오늘의 모든 일을 능히 섭리하실 수 있음을 믿고 구하오니 우리의 행사를 주관하여 주시고 주의 권능을 저들에게 보이소서.

이 중에는 아직 주님을 마음에 모시지 아니한 사람들도 있사오니 아버지의 권능을 보이시고 그들의 입으로 아버지를 증거하게 하옵소서. 오늘의 시작과 끝을 아버지께 온전히 맡기며, 날씨조차 뜻대로 다스리시는 예수 그리스도의 이름으로 기도드리나이다. 아멘!"

불안하던 마음이 기도를 해서인지 한결 편하여졌다.

그런데 버스가 떠난 지 얼마 안 되어서 놀라운 일이 일어났다. 장마철의 한가운데임에도 불구하고 쏟아지던 비가 그치고

검은 구름을 뚫고 밝은 햇살이 비쳤다. 조금 더 지나자 구름 속에서 살짝 비치던 해가 완전히 드러나며 우리가 타고 가는 버스 앞에 무지개가 아치를 이루며 뜨는 것이 아닌가! 비가 오던 중에 갑자기 해가 뜨면 무지개가 생기는 것쯤은 일반의 상식이다. 그러나 이 무지개는 너무도 선명하여 양 끝까지 다 보였고 우리 버스 앞에 아치를 이루고 계속 앞서 갔다. 마치 우리를 위한 무지개처럼 우리 버스 앞에 계속 있었다. 나는 하나님께서 분명 우리의 기도에 응답하시는구나 생각하며 기쁜 마음으로 감사를 드렸다.

우리가 점심식사를 하러 식당에 들어갔을 때에도 식당 문 앞에 아치를 이루며 기다리고 있었다. 마치 식당에서 이벤트하는 것처럼 멋지게 바라다 보였다. 더욱 놀라운 것은 우리 일행이 식사를 마치고 차에 오르며 보니 쌍무지개가 되어 있는 것이었다. 나중에 생긴 무지개는 반 정도만 보이고 먼저 있던 무지개는 아치 전체가 확실히 보였다.

나는 무지개가 하도 선명하기에 양쪽 끝이 어디에 닿아 있을까 하여 자세히 살펴보니 바닷물에 박히지는 않고 양쪽 끝이 일 미터 정도 바다 위에 떠 있는 것을 보았다.

원자력 마을은 바닷가 가까이에 건립되어 있는 데다 장마 중이라서 버스길 바로 앞까지 물이 들어와 일렁이고 있었다. 원자력발전소에서 견학을 마치고 나와 보니 무지개는 그때까지도 여전히 우리를 기다리고 있었다. 우리가 버스에 오르고 출발하니 무지개는 또 우리를 따르기 시작했다.

나는 깊은 은혜를 받았다.

다음날 아침 신문에 '유난히도 선명하고 오래 떠 있는 무지개'라고 기사가 사진과 함께 실려 있었다.

"하나님, 너무도 감사합니다!

하나님은 항상 가까이 계시며 우리의 기도를 들어 주시고 구름기둥과 불기둥으로 우리를 인도해 주시는 우리 모두의 아버지이십니다.

예수 그리스도의 이름으로 기도하나이다. 아멘!"

⑤ 종이 위에 번져 가는 잉크

한번은 교회 기도실에서 기도하는데, 교인 한 분의 기도하시는 모습이 너무나도 애절하기에 나 혼자 독백같이 눈을 감고 중얼거렸다. "하나님, 저 사람이 무언가 너무 어렵게 보이나이다. 저 상한 심령을 어루만져 주소서." 하는데 바로 내가 앉은 오른쪽으로 티슈 한 장이 날아 내려와 바닥에 떨어지고, 곧이어 어디선가 잉크 한 방울이 그 티슈 위에 떨어져 내리면서 아주 빠른 속도로 번져 나가는 것이 보였다.

그때 머릿속에 이런 생각이 들었다. 티슈 위에 떨어진 잉크 방울은 나에게 주신 하나님의 메시지이고, 그것이 번져 나가게 하는 역할은 내가 해야 할 몫이라는 생각이었다. 다시 말하면, 잉크 방울은 그간 내게 내려 주셨던 모든 영적 깨우치심이고, 그 잉크가 번져 나가는 것처럼 속히 널리 알도록 전도하라 하시는 것으로 받아들여졌다.

나는 애절하게 기도하시던 그 권사님께 다가가서 무슨 어려운 일이 있으시냐고 물었더니, 오래 전에 남편이 갑자기 세상을 떠나고 난 뒤 어린 것들과 함께 살아 온 지난날들이 생각나서 기도하며 울었단다.

그래서 나는 그녀에게, 기도로 응답받은 것이 있으면 저에게도 말씀하여 주셔서 함께 은혜를 나누자고 했더니 그분은 남편이 세상 떠날 당시의 이야기를 들려주었다.

남편은 교육공무원이었는데 병으로 갑자기 세상을 떠났단다. 뜻하지 않게 아무런 준비도 없이 남편이 훌쩍 세상을 떠나고 나니 아이들하고 살 길이 막막하여 가사도우미 일을 다니며 어린 것들과 함께 먹고 살았는데, 얼마 전부터 허리가 아프더니 나중에는 한 걸음도 떼어놓을 수가 없어 끼니를 잇기도 어려운 지경에 이르게 되었단다.

그래서 교회 기도실에서 "하나님! 나와 우리 식구 모두 데려가세요. 나 하나 바라보며 저 어린 것들이 살고 있는데 나의 허리가 이렇게 아파서 일을 못 하겠으니 저희가 어찌 살겠습니까? 차라리 우리 모두 죽고 싶습니다." 하며 서러움에 북받쳐 교회 바닥에 엎드려 울고 있는데 누가 갑자기 허리를 철썩 소리가 나도록 세게 때리더라는 것이었다. 그래서 깜짝 놀라 일어나 앉아 사방을 둘러보았지만 아무도 없었다며, 그 순간 교회의 지하에 있는 기도실이 갑자기 무서워지더란다.

그는 순간적으로 어두운 지하 기도실이 너무나도 무서워서 밖으로 후다닥 뛰어 나왔는데, 한 걸음도 움직일 수 없었던 그런 허리로 어떻게 층계를 뛰어 올라왔는지 자신도 놀랐다고 말했다. 더더욱 놀라운 것은 그때 허리를 움직여 봤더니 하나도 아프지 않았다는 것이다. 평지도 힘겨워 간신히 걸었는데 층계를 뛰어올라 온 후에 허리를 마구 움직여 보아도 아프지 않았고, 그 후에도 전혀 불편이 없어서 또다시 일을 나갔다고 했다. 그러면서 하는 말이, 지금은 아이들이 다 커서 결혼도 하고 곧잘 산다며 집안 이야기를 들려주었다. 만일 그때 다 죽었더라면 어쩔 뻔했느냐며, 오늘 기도할 일이 있어서 왔는데 갑자기 그때의 일들이 생각나서 실컷 울었다고 말했다.

⑥ 기도와 치유

딸이 아들을 낳았다.

나는 아이를 보러 부지런히 청주에서 서울로 올라왔다.

손자를 보니 금방 난 아이 치고는 너무 잘생기고 예뻤다. 아니, 예쁘다기보다는 멋졌다. 눈과 입술, 그리고 두상까지 어디하나 흠잡을 곳이 없이 현대형으로 잘생겼다.

나는 그 아기의 모습에 흡족했다.

"하나님, 어찌 저에게 이런 멋진 손자를 주시나이까?"

'나를 거쳐서도 저런 모습의 아이가 후손으로 태어날 수 있구나!' 하는 생각에 무언가 아주 귀중한 것을 얻은 느낌으로 다시 청주에 내려왔다.

그런데 이틀 후 산모에게서 전화가 왔다.

"엄마, 아기가 이상해. 어디가 아픈 것 같아!"

그 말에 놀라, "아기를 보고 온 지 이틀밖에 안 되는데 무슨소리야?" 하며 다시 급히 서울로 올라와 보니 아기는 별 이상없이 잘 자고 있었다. 그런데 조금 있으니까 아이가 깨어서 울기 시작하는데 나는 너무도 기가 막혀 어찌 할 바를 몰랐다. 모든 상황이 오로지 기도 외에는 길이 없었다.

"하나님! 제가 아직도 주 앞에 회개하지 않은 것이 있습니까?

아니면 또 죄를 지었습니까? 어미의 죄가 삼 대를 간다 들었습니다. 가슴으로 토해내는 참 회개는 주님이 들으시고 우리의 죄를 사하시고 그 땅을 고치시겠노라 하신 하나님! 제게 깨닫게 하소서. 알아야 회개를 하지 않겠습니까?" 하다가 이 정도의 기도로는 안 되겠다 싶어 곤지암 수양관으로 뛰어 들어갔다.

"내가 이곳에서 하는 기도에 눈을 들고 귀를 기울이리니 이는 내가 이곳을 이미 거룩히 구별하여 내 이름이 여기에 영영히 있게 하였음이라.

내 눈과 마음이 항상 여기에 있겠다고 하신 하나님! 제가 약속이 있는 이 자리, 이곳에 또 왔습니다. 새로 태어난 우리 아기가 아픕니다. 하나님도 이미 알고 계시지요?

사랑과 긍휼이 많으신 하나님 아버지, 살려 주세요! 아기를 살려 주시고, 나를 살려 주시고, 우리의 가정을 살려 주소서!

여호와는 그를 경외하는 자 곧 그의 인자하심을 바라는 자를 살피시고 그들의 영혼을 사망에서 건지시며 그들이 굶주릴 때에 그들을 살리신다고 하신 하나님 아버지! 저희를 살려 주소서!

그냥 저냥 살다가 늙어 수명이 다해 자연사하는 것이 복이라는 것도 이제야 알겠나이다.

주여 살려 주시옵소서!"

나는 찬송을 부르고 기도를 반복하며 기도실 마루에 엎어진 채 계속 기도했다. 그러다가 나는 이상한 것을 보았다. 기도실 마루에 한 아기가 실오라기 하나 걸치지 않은 알몸으로 누워 있는데, 아이의 몸체만큼이나 큰 매미같이 생긴 곤충이 아이를 덮어 안고 있었다. 그것을 보고 나는 기도실 마룻바닥을 치며 큰 소리로 주를 부르며 기도하고 또 기도했다.

그렇게 기도를 계속하니까 그 큰 매미 같은 곤충이 아이의 몸체에서 분리되며 머리 쪽으로 서서히 밀려 올라가고 있었다. 나는 마구 소리소리 질러 가며 주를 부르며 기도했다.

"주여! 주여! 주여!

이 자리에서 함께 보고 계심을 믿습니다.

저 매미 같은 곤충의 배에 돋아난 거친 가시들로 말미암아 아기의 얼굴 어디에도 흉터가 생기지 않도록 지켜 주소서! 주여! 주여! 주~여! 살려 주소서!

주밖에 누가 우리를 살릴 수 있겠습니까?"

이렇게 기도를 계속하고 있는데 그 곤충이 아기의 머리 위쪽으로 서서히 밀려나가면서 아이와의 간격이 떨어지는 것을 보고 나는 얼른 아기를 들어 올려 가슴에 안았다.

아기를 가슴에 꼭 안고 막 울면서 "주여! 주여!" 하며 소리를 지르니까 그 매미 같은 곤충이 계속해서 밀려올라가더니 그 앞에 있는 커튼 밑으로 밀려들어갔다. 그러고 나서 조금 있더니 그 곤충이 다시 커튼 밖으로 밀려나오는데, 누가 그랬는지 모르지만, 그 커다란 곤충의 가슴이 돌 같은 것에 의해 으스러뜨려진 채 죽어 있었다.

나는 그 죽은 곤충이 아기 몸에 닿을까 봐 아기를 가슴에 안고 쩔쩔매다가 차라리 내 등을 그 벌레 쪽으로 돌려댔다. 그러고는 아기의 몸에 덮여 있던 그 매미 형상의 병마가 완전히 죽어 있음을 보았다.

기도를 끝내고 나서 눈을 떠 보니 내 앞에는 아무 것도 없고 성경책 하나만 있었다. 그때가 2000년 10월 11일 오후 두세 시경이었다. 지금은 그 아이가 완전히 건강하고 훤칠하게 자라서 제 아범보다도 크다.

많은 군대로 구원 얻은 왕이 없고, 아무리 힘센 군대라도 스스로 구원하지 못한다. 여호와의 구원하심에는 많은 군대도 필요 없고 명의도 필요 없다.

오직 여호와를 경외하는 자 곧 그의 인자를 간절히 바라는 자를 살피신다 했듯이, 우리 아기를 구원함에는 명의도 필요 없고 오직 간절함으로 주를 의지하여 그분의 긍휼을 얻는 것만이 살 길이라는 생각이 들었다.

기도를 마치고 나서 집에 돌아와 저녁식사를 하는데 옆에 있던 조카가 나의 소맷자락을 걷어 올리며 "작은어머니, 팔이 왜 이래요?" 하고 묻기에 내 팔을 보니 검푸르게 멍이 들어 있었다.

손으로 마룻바닥을 치며 기도했던 흔적이다. 생각해 보니 나는 오늘 하나님 앞에서 떼떼굴 구르며 기도했던 것이다.

그 후 얼마 있다가 사위가 유럽에 있는 한 대학으로 장기 연수차 가족을 모두 데리고 떠났는데, 어느 날 아산병원에서 전화가 왔다.

"여보세요, 여기 아산병원인데 거기 ○○네 집 아닙니까? 어머니와 통화 좀 할 수 있을까요?"

나는 누워 있다가 깜짝 놀라서 벌떡 일어나 앉았다.

놀라 가슴이 두근두근 했다.

"네, 지금은 그 가족이 한국에 없고요, 여기는 할머니네 집인데 왜 그러십니까?" 하고 물으니, 같은 증상의 아이들 몇 명은 아직도 통원하며 관리를 받고 있는데 ○○만 병원에 나타나지 않아 아기가 어디 다른 곳에서라도 관리를 받는지 궁금해서 전화를 했단다.

그때가 벌써 거의 오년이 지났으니 나는 까맣게 잊고 있었는데 그런 전화를 받고 나니 내가 그동안 너무 소홀하지 않았다 싶어 불안한 마음으로 부랴부랴 딸이 가 있는 곳으로 국제전화를 걸었다.

"어멈이냐? 뭐, 별일 없니? 식구들 모두 건강하고? 특히 큰애는 어떠냐?"

"모두 다 잘 있어요. 큰애도 잘 있고요. 요사이는 좀 컸다고 빈들빈들 말도 안 들어요."

"그 나이엔 다 그렇다. 그래서 미운 일곱 살이란 말도 있지 않니? 요사이는 빨라져서 미운 다섯 살이라 하더라. 몸만 건강하면 된다. 아이들 건강 꼭 챙겨라!"

그러고는 전화를 끊었다.

"할렐루야! 하나님, 감사합니다!

하나님께서 다 관리해 주시고 계심을 믿습니다. 이제 내게는 주가 아닌 그 어떤 신도 없음을 주께서 아시나이다. 내 모든 필요는 주께서 채우시며 주께서 지켜 주셔야 할 것입니다.

주 외에 아무리 좋은 것을 주와 바꿔 준다 해도 저는 결단코 바꾸지 않겠습니다. 오직 우리 주 예수 그리스도와 하나님의 은혜로만 항상 내게 충만케 하여 주소서. 예수님의 이름으로 감사기도 드리나이다. 아멘!"

PART 05

영생을 위한 준비

: 삶이란
무엇인가?

① 영혼과 육체

　인간은 영과 육(肉)이 조화를 이루고 있을 때 온전하고 정상적인 사람이라고 할 수 있다. 그런데 이 두 가지가 다같이 영원하든지 유한하면 좋겠는데, 영은 무한한 데 비해 육신은 유한하다는 데 근본적인 문제가 있다. 평소 우리는 인생이 긴 것으로 생각하면서 영원하다는 착각 속에 살고 있지만 영원의 안목으로 보면 육신의 삶은 찰나에 불과한 것임을 성경을 통해서도 알 수 있다.

　　아, 슬프도다 사람은 입김이며 인생도 속임수이니
　　저울에 달면 그들은 입김보다 가벼우리로다.

시편 62편 9절

이는 그가 우리의 체질을 아시며

우리가 단지 먼지뿐임을 기억하심이로다

인생은 그날이 풀과 같으며 그 영화가 들의 꽃과 같도다

그것은 바람이 지나가면 없어지나니

그 있던 자리도 다시 알지 못하거니와

여호와의 인자하심은 자기를 경외하는 자에게 영원부터 영원까지

이르며 그의 의는 자손의 자손에게 이르리니

곧 그의 언약을 지키고 그의 법도를 기억하여 행하는 자에게로다.

시편 103편 14-18절

너희는 인생을 의지하지 말라 그의 호흡은 코에 있나니

셈할 가치가 어디 있느냐.

이사야 2장 22절

이토록 유한하고 짧은 육신이 죽은 후에도 영원히 존재할 영혼의 문제가 우리를 고민하게 하고 있다.

영혼과 육신의 존재를 말하면 혹시 사람들 중에는 "그러면 네가 죽어 보았느냐?"고 할지도 모르겠으나 이것은 성경에 분명히 기록되어 있는 기독교 신앙의 근간이다.

그리고 성경은 하나님의 감동으로 기록된 말씀들이기 때문

에 우리가 보고 느끼는 것들과는 근본적으로 차원이 다른 것이다. 우리의 인성은 모두 정확한 것이 아니라 착오도 많고 모자란 것도 많다. 그러나 하나님의 말씀에 대하여는 오랜 세월을 두고 숱한 선지자들의 증언이 일관되게 이어져 내려오고 많은 순교자의 신앙은 내가 죽어 보고 믿는 것 이상으로 확실하고 귀한 것이 아닐 수 없다.

② 천국과 지옥

영혼의 존재를 생각하면 현재 살아가고 있는 육신의 삶도 귀하지만 영원히 존재해야 할 영혼의 세계가 훨씬 더 중요한 것이다. 앞에서도 말했듯이 우리가 짧은 인생을 마치고 육신을 벗어 버린 후 영계에 들 때에는 천국이냐 지옥이냐 두 곳 외에는 갈 곳이 없다. 그러나 나중이야 천국을 가든 지옥을 가든 관심이 없고 우선 당장의 삶을 위해 수단과 방법을 가리지 않고 잘살고 보자는 생각을 하는 사람이 많은 것 같다.

기독교에서는 이렇게 준비 없는 삶은 영적으로는 죽은 삶이며 세상의 끝 날에는 지옥으로 쏟아 부어질 깔때기 위에 사는 사람들이라 해도 지나침이 없을 것이다.

　마태복음 8장 21-22절에서 예수님의 제자 한 사람이, '내가 먼저 가서 내 아버지를 장사하게 허락하옵소서.마태복음 8장 21절' 하니 '예수께서 이르시되 죽은 자들이 그들의 죽은 자들을 장사하게 하고 너는 나를 따르라.' 하신 것도 이런 맥락에서 하신 말씀이라 생각된다.

　지금은 육체와 영혼이 함께 있으나 현존하는 육체는 눈에 보이며 영은 보이지 아니하니 우리는 육체에 치중하기 쉬우나 육체는 영혼에 비해서 아주 짧게 끝이 난다. 흔히들 말하는 지상 천국은 육체가 살아서 겪는 만족한 상태를 두고 인간들이 천국을 사모하여 만들어 낸 허상일 뿐 사후의 영계와는 아무런 상관이 없는 것이다.

> 우리가 주목하는 것은 보이는 것이 아니요 보이지 않는 것이니
> 보이는 것은 잠깐이요 보이지 않는 것은 영원함이라.
> 고린도후서 4장 18절

　그러므로 우리에게 주어진 육신적인 삶은 영원한 삶, 즉 영생 永生을 위하여 준비해야 하는 기간이기도 하다고 생각한다. 말

로만 천국을 논하는 데 그치지 말고 영원히 존재할 이 영혼에 대하여 우리는 심각하게 묵상하고 고민해야 할 필요가 있다.

③ 대속(代贖)과 구원에 대한 믿음

이처럼 우리 인간들은 아주 짧은 안목으로 그때그때 처해 있는 현실만을 중요한 것으로 알고 죽으면 모든 것이 끝이라 생각하지만, 우리가 죽음을 넘어서면 반드시 영원한 세계가 우리를 기다리고 있음을 명심해야 하겠다. 그렇다면 자살하는 사람들은 그 사후의 영혼을 어찌 감당할 것인지 심히 걱정스럽지 않을 수 없다. 이 영원永遠할 영혼靈魂이 천국에 있어야지 지옥에 있어서야 되겠는가? 영원이란 끝없는 시간을 천국에서라면 몰라도 지옥에서라면 어찌 감당할 수 있겠는가!

진정한 천국은 인간이 죽음의 과정을 겪은 후 하나님이 택하신 당신의 백성들을 위하여 예비해 놓으신 영원한 처소를 말한다. 이 영원한 처소에 들기 위해서는 내 마음에 하나님과 예수 그리스도의 믿음을 확립하는 것과 예수께서 우리의 죄를 대속하여 주셨음을 믿는 것이다. '예수님의 죽으심이 내 죄 때문이라는 것과 오직 예수님의 대속代贖으로만 구원이 되며 영생하는 천국에 들어갈 수 있다'는 것을 믿는 것이다.

천국은 죄인이 결코 들어갈 수 없는 곳이다. 그러나 이 세상에 죄가 없는 사람은 하나도 없으니 예수님의 대속을 받지 않아도 되는 사람은 아무도 없다. 예수께서는 당신의 몸을 찢어 피를 쏟아 제물로 드려 천국의 문이 되어 주셨고, 이 천국 문을 통과하려면 예수님의 대속을 입은 자라야만 한다. 예수 그리스도의 죽으심이 내 죄의 몫이라는 사실을 깨닫고 마음속 깊이 눈물로 각인될 때 나를 향해 천국 문이 열리는 것이다.

천국은 인간의 뛰어난 지식이나 선한 행위로 가게 되는 것이 아니다. 하나님과 예수님을 내 영혼 속에 받아들이고, 내 죄로 말미암아 내가 죽어야 할 몫을 예수께서 대신 죽어 주셨다는 대속의 믿음이 확실히 설 때, 나는 죄인이었던 옛것에서 벗어나 새로운 피조물로서 거듭날 수 있는 것이다. 구약의 지키기 어려운 수많은 율법 외에도 우리 인간들은 아담의 원죄로 인하여 누구든지 스스로는 절대 죄에서 벗어날 수 없는 존재임을 알아야 하겠다.

④ 파수꾼의 역할

이러한 대속과 심판의 원리를 알고 깨달은 자들은 자동적으로 영적 파수꾼의 임무를 지게 된다.

예수께서 재림하실 때 사후의 영혼들이 가는 처소는 천국이 아니면 지옥뿐임을 다시 한 번 더 강조한다. 이 두 가지 처소 외에 우리 영혼들이 존재할 수 있는 처소는 어느 곳에도 없다.

그렇다면 이 땅의 마지막 날에는 예수님의 대속이 없이는 절대 갈 수 없는 곳이 천국이며 그렇지 아니한 나머지는 다 지옥으로 갈 수밖에 없다는 중요하고도 절박한 사실을 어떻게 해야 좀 더 많은 사람에게 확실하게 알릴 수 있을까? 이것이 바로 종말을 깨달은 자 곧 파수꾼들이 감당해야 할 역할인 것이다에스겔 33장 1-9절.

그러나 칼이 임함을 파수꾼이 보고도 나팔을 불지 아니하여
백성에게 경고하지 아니하므로 그 중의 한 사람이 그 임하는 칼에
제거 당하면 그는 자기 죄악으로 말미암아 제거되려니와
그 죄는 내가 파수꾼의 손에서 찾으리라
인자야 내가 너를 이스라엘 족속의 파수꾼으로 삼음이 이와 같으니라
그런즉 너는 내 입의 말을 듣고 나를 대신하여 그들에게 경고할지어다

가령 내가 악인에게 이르기를 악인아

너는 반드시 죽으리라 하였다 하자 네가 그 악인에게 말로 경고하여

그의 길에서 떠나게 하지 아니하면 그 악인은

자기 죄악으로 말미암아 죽으려니와

내가 그의 피를 네 손에서 찾으리라

그러나 너는 악인에게 경고하여 돌이켜 그의 길에서 떠나라고 하되

그가 돌이켜 그의 길에서 떠나지 아니하면 그는 자기 죄악으로

말미암아 죽으려니와 너는 네 생명을 보전하리라.

에스겔 33장 6-9절

파수꾼이란 나팔을 불어 자기 무리의 재난을 알림으로써 위기를 면하게 할 의무가 있는 자들을 말함이다. 성경 말씀 속의 파수꾼이라 함은 하나님과 예수님을 영적으로 깨달은 자들이 세상 끝 날의 재앙을 모든 사람에게 알리고 하나님의 뜻을 전하여 그분의 진노를 면하게 해야 하는 임무를 가진 자들을 말하는 것이다. 그 무리의 위기를 알면서도 침묵하며 그 위기를 알리지 아니하여 지구 끝 날의 심각성을 모르는 자들이 다시는 회복되지 못할 멸망에 빠지게 했다면 그가 어찌 파수꾼의 의무를 수행했다고 할 수 있겠는가? 그것도 일반적인 도둑이나 적군들로부터가 아니라 우리의 영혼을 영원히 지켜야 할 사단들

로부터라면 어찌 그 피 값을 면할 수 있을지 참으로 두려운 일이다. 나도 그 미련한 파수꾼 중의 하나임을 이제야 깨달은 것이다.

영원한 안식처인 천국에 가려면 그에 합당한 준비가 있어야 한다. 농부들이 한 해 겨울을 지나는 데에도 추수를 비롯해서 여러 가지 잡다한 일이 많겠거늘 하물며 영원한 천국에 들어가는 일일까 보냐.

그 준비는 사람마다 형편에 따라 다르겠으나 한 가지 공통될 것은 자신이 죄인임을 깨닫고 통회의 눈물로 회개함으로써 우리의 죄가 예수님의 보혈로 깨끗이 씻기고 정결한 마음의 새로운 피조물이 되어 가는 과정이 필요하다.

이러한 영생의 준비를 위해서 누구도 무심코 지나치지 말아야 할 중대한 과정을 정리해 보면 다음과 같다.

첫째, 하나님과 예수님의 존재를 깨닫고 살아 역사하심을 확신할 것과 예수님은 천국에 대하여 어떠한 권능을 가지셨으며 그 권능이 어떻게 주어졌는지를 알고, 그분 앞에 자신은 참으로 보잘것없는 존재일 뿐만 아니라 오히려 악하고 가증한 죄인이라는 것을 깨닫는 것이다.

둘째, 예수께서 왜 십자가에 달리셔야 했고 그 돌아가심이 나와 무슨 연관이 있나 생각하고 죄인일 수밖에 없는 자신이 그분의 공로로 속죄되어 새 사람이 되는 변화의 과정이 있어야 한다.

셋째, 성경책의 모든 말씀을 아멘으로 수긍하고 그 말씀들이 내 안에 들어와 내가 새로워지는 변화의 역사가 일어나야 한다. 마치 소금이 음식에 들어가면 그 음식의 맛이 달라지는 것처럼 말씀이 내게 들어오면 심령이 변화되어, 이전의 내가 아닌 새로운 피조물이 되어 가는 단계가 있어야 한다.

그러므로 하나님과 예수님을 알지 못한 채 변화되지 않은 지금의 모습 그대로는 아무도 천국에 가지 못하는 것이다. 왜냐하면 우리 모두는 죄 중에 태어난 죄의 권속들이기 때문이다. 수백 가지의 모세의 율법은 물론, 아담과 이브의 원죄까지를 생각하면 우리 스스로는 결코 죄 없다 할 수 없음을 깨달아야 하겠다. 왜냐하면 하나님의 말씀에 '의인은 없되 하나도 없다' 하였기 때문이다.

기록된 바 의인은 없나니 하나도 없으며
깨닫는 자도 없고 하나님을 찾는 자도 없고

다 치우쳐 함께 무익하게 되고 선을 행하는 자는 없나니

하나도 없도다

로마서 3장 10-12절

지금에 와서 생각하니, 그간 하나님 아버지께서 이런 것들을 깨우쳐 주시기 위하여 내게 겪게 하셨던 연단의 과정과 각별하셨던 일들을 '나만 알면 된다'는 생각으로 그냥 묻어 놓고 살아 왔으니 나는 정말 대책 없는 미련한 파수꾼이었다. 주께서 연단을 통하여 이상을 보이시며 내게 공을 들이신 것은 나 하나만을 위하여 하신 것이 아니었음을 왜 좀 더 일찍 깨닫지 못했는지 참으로 안타까울 뿐이다.

주님은 보잘것없는 나를 통해 주님의 뜻이 가능한 한 많은 사람에게 알려지기를 원하셨는데 나는 아무런 생각 없이 그저 은혜 받은 자로서 특권만 누리며 그 귀한 시절을 무사와 안일, 나태와 게으름으로 허송세월을 보냈으니 주께서 얼마나 안타까워하시며 지금까지 기다리셨을까! 이제라도 나를 도구로 삼으셔서 이처럼 이런 기록이나마 남기게 하시는 것은 그분이 나를 위해 베푸시는 마지막 기회임을 깨닫는다.

지금까지 인내와 인내를 거듭해 주신 우리 주님의 은혜에 감

사드린다. 아울러 오랜 기다리심으로 내게 진노를 면하게 해주시려는 주님의 긍휼이셨음을 느끼며, 참으로 다행스럽고 감사한 마음으로 이 글을 쓰게 된 것이다.

한 권의 책을 만들려면 우선 집필자의 생각이 원고가 되고, 편집자에 의해 구성되고, 인쇄작업이 이루어져야 한다. 하나님은 내게 집필자이시며 편집자이시고 인쇄공이셨다.

주님께서는 제일 먼저 나의 연단 과정을 통해 당신의 뜻을 내 영혼에 새겨 넣고 행동에 이르게까지 인도해 주셨다. 그것은 단지 나 하나만을 위하여 그처럼 나를 연단하시고 빛 가운데로 옮기시는 수고를 하셨다기보다 나의 그러한 연단이 주님의 뜻으로 기록되어 많은 사람에게 읽히고 그들이 구원의 뜻을 깨달아 알기를 원하신 것이다.

주께서는 나에게 때로는 불같은 진노로, 때로는 무한한 긍휼과 사랑으로 연단하시며 많은 열매 맺기를 바라셨지만 아무런 열매가 없는 나를 도끼로 찍어 버리지 아니하시고 마지막 한 번 더 기회를 주신 것이다.

이스라엘 백성들이 나와 같아서 하나님의 지극한 정성에 맞는 극상의 포도를 맺지 못하고 신포도를 열어 하나님을 실망시켜 드리고 큰 진노를 받았던 일들이 생각난다. 만일 내 영성이 마지막까지 이를 깨닫지 못하고 끝내 이 기록을 하지 않았다면 하나님의 불같은 진노를 어찌 감당할 수 있었을까 두렵기까지 하다.

이제라도 이 글을 쓰지 않을 수 없는 이유가 바로 그것이다. 사람들이 주님을 향해 갈 수 있는 은혜의 통로 중 아주 보잘것없는 작은 조각이지만 주님은 이 조각의 통로를 밟고 지나가는 많은 자들에게 넘치는 축복과 은혜를 주실 것이다.

"거룩하신 주님!
이 역할을 어찌 제 능력으로 감당할 수 있겠습니까?
대장간의 호미나 칼더러 대장장이를 증거하라 하시나이까?
주님은 창조의 주인이시고 저는 피조물일 따름입니다.
그래도 하라 하시면 하겠습니다만, 이에 필요한 영성과 명철을 내려 주소서!
성령께서 각별한 영적 지혜를 내려 주시지 아니하시면 글을 쓰는 저도, 보는 이들도 깨닫지 못할까 하나이다.
아골 골짜기의 죽은 지 오래된 마른 뼈들 위에 힘줄을 놓으시고 살들로 입히시고 그들에게 생기를 불어넣어 큰 군대를 삼으신 주님!에스겔 37장 5,6절 오랜 기억을 더듬어 기록하는 이 간증의 글들 위에도 역사하시어 전도의 큰 도구로 삼으시고, 널리 알려지게 하시며, 풍성한 열매를 맺게 하여 주소서."

주님께서는 구원의 문을 항상 열어 놓으시고 많은 사람이 구원 받기를 기다리고 계시나 이 문은 영원히 열려 있는 것이 아니다. 하나님의 긍휼로 기다리심의 때가 끝나고 한 번 닫히면 결코 다시는 열리지 않을 것이니 복이 있는 자들은 주님이 기다리시는 이때를 놓치지 않는 사람들이라 하겠다.

"귀 있는 자들은 파수꾼들의 이 호소를 듣고 마음에 받을지어다. 너희가 어찌 지옥에 들고자 하느냐!" 하는 말씀을 더 많은 사람이 듣기를 바라는 마음이 간절하다.

내 이름으로 일컫는 내 백성이 그들의 악한 길에서 떠나
스스로 낮추고 기도하여 내 얼굴을 찾으면
내가 하늘에서 듣고 그들의 죄를 사하고 그들의 땅을 고칠지라.
역대하 7장 14절

이 말씀은 우리 모두를 향해 하신 말씀이시다. 그러므로 게

으른 파수꾼이었던 나 자신을 돌아보며 이제부터라도 더 많은 사람이 하나님을 알 수 있도록 하는 것이 나의 마지막 소명임을 느낀다. 비록 늦었지만 나의 이 간증을 통해 영적 파수꾼 역할을 잘 감당하여 많은 열매를 맺을 수 있기를 소원한다.

: 구원의 예표

① 노아의 방주(Noah's Ark)

우리는 노아의 방주를 세상 마지막 날 구원의 예표로 묵상해 볼 필요가 있다. 노아의 구원은 그리스도 안에서의 구원을 상징한다. 예수님께서는 현세의 종말이 "노아의 때와 같이 인자의 임함도 그러하리라."고 말씀하시며 주님은 우리를 심판의 물에서 방주로 안전하게 옮기실 뿐만 아니라 새로운 세계 즉 하나님의 뜻대로 살게 될 세계로 인도하신다고 하였다.

이 얼마나 고맙고 기쁜 말씀인가!

이 말씀이야 말로 진정한 복음인 것이다.

그러나 그 날과 그때는 아무도 모르나니 하늘의 천사들도,

아들도 모르고 오직 아버지만 아시느니라

홍수 전에 노아가 방주에 들어가던 날까지 사람들이 먹고 마시고

장가들고 시집가고 있으면서- 노아의 때와 같이

인자의 임함도 그러하리라

홍수가 나서 그들을 다 멸하기까지 깨닫지 못하였으니

인자의 임함도 이와 같으리라

그때에 두 사람이 밭에 있으매 한 사람은 데려가고

한 사람은 버려둠을 당할 것이요

두 여자가 맷돌질을 하고 있으매 한 사람은 데려가고

한 사람은 버려둠을 당할 것이니라.

마태복음 24장 36-41절

그때에 온 땅이 하나님 앞에 부패하여 포악함이 땅에 가득한지라

하나님이 보신즉 땅이 부패하였으니

이는 땅에서 모든 혈육 있는 자의 행위가 부패함이었더라

하나님이 노아에게 이르시되 모든 혈육 있는 자의 포악함이

땅에 가득하므로 그 끝 날이 내 앞에 이르렀으니

내가 그들을 땅과 함께 멸하리라.

창세기 6장 11-13절

하나님이 인간들의 삶을 보시며 노아에게, "모든 혈육 있는 자의 포악함이 땅에 가득하므로 그 끝 날이 내 앞에 이르렀으니 내가 그들을 땅과 함께 멸하리라." 하신 말씀은 지금 우리가 살고 있는 이 땅에서 일어나고 있는 세태에도 해당하는 것 같아 두려운 마음이 앞선다.

오늘날 우리 사회 곳곳에서 이루어지는 일들이 너무도 추악하고 가증하여 신문이나 TV 뉴스를 차마 끝까지 볼 수 없는 경우가 많다. 인간인 나도 화가 나는데 하물며 하나님께서 어찌 분노하시지 않으시겠는가. 선하고 밝은 이야기는 장마철의 햇빛보다 더 찾아보기 어려운 지금 이 땅의 세태가 아직 그때의 패괴敗壞함에 못미쳐 있다고 장담할 사람이 많지 않을 것 같다. 어찌 보면 그 패역함이 오히려 그 시대보다 더 지나쳐 있는 것도 같다. 그래서 하나님께서는 "너희는 이 땅의 지체를 버리라"고 하셨을 것이다.

지금 이 땅은 음란과 사욕과 악한 정욕과 탐심으로 충만해 있는 곳이 많다. 탐심은 우상숭배라 하셨는데, 이러한 것들로 가득 찬 세상이라면 하나님은 악이 만연한 지금의 이 땅도 멸하리라 하실 것 같아 두렵게 느껴지는 것이다. 사랑도 진실도 없고 공의에 대한 정당한 원칙도 없이 불의를 행하는 자들에게

밀려 정직하고 성실한자들이 고난을 당하는 것을 어느 때까지
두고 보실지 불안한 마음이 든다.

어느 때 그분이 이 땅에 오실까?
아무도 모르게 도적같이 오신다 하셨다.

내가 홍수를 땅에 일으켜 무릇 생명의 기운이 있는 모든 육체를
천하에서 멸절하리니 땅에 있는 것들이 다 죽으리라
그러나 너와는 내가 내 언약을 세우리니
너는 네 아들들과 네 아내와 네 며느리들과 함께 그 방주로 들어가고
혈육 있는 모든 생물을 너는 각기 암수 한 쌍씩 방주로 이끌어들여
너와 함께 생명을 보존하게 하되 - 새가 그 종류대로,
가축이 그 종류대로, 땅에 기는 모든 것이 그 종류대로
각기 둘씩 네게로 나아오리니 그 생명을 보존하게 하라
너는 먹을 모든 양식을 네게로 가져다가 저축하라
이것이 너와 그들의 먹을 것이 되리라
노아가 그와 같이 하여 하나님이 자기에게 명하신 대로
다 준행하였더라
창세기 6장 17-22절

노아는 오늘날 눈에 보이지 않는 천국을 하나님 말씀의 언약으로 믿고 사모하며 순종하는 사람들을 예표한다. 노아는 아무것도 보이지 않는 상태에서 방주를 지으라 하시는 하나님의 말씀을 순전히 받아들이고 120년 이상을 순종할 때 사람들은 그를 제정신이 아니라고 조롱했다.

그러나 하나님은 노아에게, "네가 이 세대에 내 앞에서 의롭다."고 말씀하셨다.

사람들은 홍수가 터지기 바로 전날까지도 먹고 마시고 시집가고 장가들며 멸망의 징조를 전혀 깨닫지 못했다.

이런 상태는 오늘날과도 너무 닮은 모습이다 사람들은 스스로 "말세다, 말세야!" 하는 말을 어렵지 않게 하면서도 사태의 심각성을 깨닫지 못하고 있는 것이다.

하나님은 노아에게 네 아들들과 그들의 아내와 네 자부들과 함께 그 방주로 들어가라 하셨다. 그리고 폭우가 땅에 사십 일 동안이나 주야로 쏟아지니 방주가 땅에서 떠올랐고 물이 더 많아지게 되니 방주가 물위를 떠다니게 되었다. 그 물이 더욱 불어 천하의 높은 산들이 다 물에 잠겼으니 방주 안에 들어가지 않은 호흡 있는 모든 생물은 하나님께 순종하지 아니한 죄로 죽되 완전히 죽게 하신 것이다.

칠 일 후에 홍수가 땅에 덮이니

노아가 육백 세 되던 해 둘째 달 곧 그 달 열이렛 날이라

그 날에 큰 깊음의 샘물이 터지며 하늘의 창문들이 열려

사십 주야를 비가 땅에 쏟아졌더라.

창세기 7장 10-12절

육지에 있어 그 코에 생명의 기운의 숨이 있는 것은 다 죽었더라.

창세기 7장 22절

② 현대의 방주는 교회

　그때 노아의 방주는 하나님의 진노를 피해 살아남을 수 있는 유일한 도피성이었다. 노아의 방주에 들지 아니한 모든 생명이 죽되 완전히 죽게 하신 것으로 육체적 멸망을 다루는 모습으로 나타나 있다. 하지만 천국의 약속은 육체가 죽고 영혼이 영원히 거할 곳을 말하고 있는 것이니 이 어찌 더 중요하고도 심각한 일이 아니겠는가?

　하나님께서 여시는 영원한 시대를 살기 위하여 우선 멸망의 자리를 피하여 구원의 길로 인도해 주는 현대판 방주는 바로 교회이다. 하나님의 말씀이 계신 교회를 통하여 하나님이 원하시는 삶을 발견하는 것이 바로 구원의 길이기 때문이다.

　사람들은 지금의 생활이 만족하더라도 구원의 권고 즉 전도를 받으면 그것은 현재 살아가고 있는 모습에 대한 일종의 경고로 받아들여야 한다. 구원의 길은 항상 열려 있고 하나님께서는 그들을 기다리고 계시는 것이다. 하나님의 경고를 거부한 자에게는 어느 때 어떤 형식으로든 다시 오신다. 그러나 이 권고를 끝까지 거부한 자에게는, "너희의 두려움이 광풍같이 임하겠고 너희의 재앙이 폭풍같이 이르겠고 너희에게 근심과 슬품이 임하게 될 것이다."라고 경고하신다.

내가 불렀으나 너희가 듣기 싫어하였고 내가 손을 폈으나

돌아보는 자가 없었고 도리어 나의 모든 교훈을 멸시하며

나의 책망을 받지 아니하였은즉 너희가 재앙을 만날 때에

내가 웃을 것이며 너희에게 두려움이 임할 때에 내가 비웃으리라

너희의 두려움이 광풍같이 임하겠고 너희의 재앙이

폭풍같이 이르겠고 너희에게 근심과 슬픔이 임하리니

그때에 너희가 나를 부르리라 그래도 내가 대답하지 아니하겠고

부지런히 나를 찾으리라 그래도 나를 만나지 못하리니

대저 너희가 지식을 미워하며 여호와 경외하기를 즐거워하지 아니하며

나의 교훈을 받지 아니하고 나의 모든 책망을 업신여겼음이니라

그러므로 자기 행위의 열매를 먹으며 자기 꾀에 배부르리라

어리석은 자의 퇴보는 자기를 죽이며

미련한 자의 안일은 자기를 멸망시키려니와

오직 내 말을 듣는 자는 평안히 살며 재앙의 두려움이 없이 안전하리라.

잠언 1장 24-33절

이 말씀을 들을 때 두렵지 않은 사람이 얼마나 되겠는가?
세상을 살아가는 동안 재앙이나 악한 시험과 환난에서 자유

로울 사람이 없고 삶의 한 치 앞을 장담할 수 없는 것이 우리네 인생이다. 더구나 요즘같이 인정도 없고 험한 세태에는 우리의 삶이 더욱 어렵지 않을까?

앞서 말씀 속의 '재앙'이란 노아의 방주에 들어가지 않았던 자들과 또 그와 같은 입장이 될 사람들을 지적하는 것이지만, 세상을 살아가는 중에 실제로 이 말씀 속의 재앙과 환란을 당해 본 자가 아니고는 그 의미를 실감할 수 없을 것이다.

전도를 하다 보면 "웬 오지랖이 그리 넓어? 나도 믿고 있으니 내 걱정은 말고 그렇게 좋은 예수 당신이나 믿어!" 하는 반응들이 많다. 이런 사람들을 만날 때면 참으로 답답하고도 안타깝다. 믿어도 무엇을 어떻게 믿느냐가 문제인 것이다. 잘못 믿는 것은 안 믿는 것보다 못하기 때문이다.

이처럼 복음에 대하여 무관심 내지 거부감으로 일관하는 사람들에게 무엇으로 구원의 깨달음을 줄 수 있을지 고민이 된다.

③ 완악할수록 더 맞는다.

하나님의 권고를 거부한 이 재앙의 의미는 인간 사이에서 생기는 재앙과 다르다. 인간들 간에 서로 도와주면서 면할 수 있는 차원의 재앙이 아니다. 하나님이 당신의 초청을 거부한 자들에게 작정하신 재앙이다. 세상 어느 곳에서나 어느 누구도 면해 가지 못하는 재앙임을 알아야 한다.

하나님은 만유의 절대자이시다. 하나님의 재앙에는 예외나 행운은 결코 없다. 오직 그분이 풀어 주셔야만 해결되는 상황에 와서야 비로소 그분의 말씀을 깨닫고 무릎을 꿇고 두 손을 들지만 이미 때가 늦을 수밖에 없다. 그나마 구원이 허락된다 해도 고생할 것 다 하고 상처 받을 것 다 받고 나서야 항복으로 구원을 받는 것은 그만큼 더 어렵고 상처투성이인 과정임을 알아야 한다.

성품이 완강하고 아집이 강할수록 더 많이 맞는다. "내가 알거니와 너는 완고하며 네 목은 쇠의 힘줄이요 네 이마는 놋이라.이사야 48장 4절" 하셨으니 놋 같이 완강한 자에게 무슨 말씀의 감동이 있겠으며 쇠의 힘줄 같은 목에서 무슨 감화가 있어 복음을 받아들일 수가 있겠는가?

애굽 바로 왕의 행위를 상기해 보자출애굽기 7장~12장.
여호와 하나님께서는 모세를 불러서 히브리 노예들을 이집트에서 탈출시키라고 명하신 뒤, 완고한 파라오가 노예들을 풀어주지 않을 것을 미리 아시고, 파라오의 마음을 굽힐 몇 가지 재앙들을 보여 주겠노라고 약속하셨다. 그 기적이란 이집트인들에게 내려지는 열 가지 무서운 재앙이었다.

첫째는 나일강물이 피로 변한 것이다. 물은 마실 수 없게 되었고 악취가 나며 물고기들이 죽어 떠올랐다.

그래도 파라오가 듣지 아니하자 곧이어 둘째 재앙으로, 개구리들이 물에서 나와 이리저리 뛰며 땅위에 새까맣게 덮었다.

셋째는 이가 들끓는 것이었고,

넷째는 파리였으며,

다섯째는 가축들이 죽어 생긴 전염병이었고,

여섯째는 모세가 재를 공중에 뿌린 뒤에 생긴 지독한 종기였다.

여기에서만이라도 파라오 왕이 하나님의 말씀을 들었더라면 치명적인 재앙을 면할 수 있었겠지만 그는 여호와의 뜻에 복종하지 않았다.

일곱째는 하늘에서 우박과 불덩이가 맹렬히 쏟아졌고,

여덟째는 우박의 피해를 입지 않은 농작물마저도 메뚜기 떼가 다 갉아먹었으며,

아홉째는 사흘간 캄캄한 어둠이 내려도 그는 하나님의 요구

를 거절했다.

신하들은 파라오에게 이제는 노예들을 풀어줘야만 이집트에 내려지는 재앙이 사라질 것이라고 말했으나 파라오는 완강하게 고집하며 거절하였다.

결국 열 번째 재앙으로, 사람과 가축을 포함해 그 해 낳은 첫 생명들이 모두 다 죽었다. 물론 파라오의 아들도 죽었다.

그제서야 파라오가 손을 들었다. 이때 하나님의 지시에 따라 죽음의 사자가 이집트의 사람과 가축들의 처음 것들을 죽일 때, 모세는 히브리인들에게는 문설주에 어린 양의 피를 발라 죽음의 사자가 그냥 지나치도록 함으로써 재앙을 면하도록 하셨다. 이것이 이스라엘 사람들이 중요하게 여기는 유월절逾越節-Pascha의 연유가 되었다. 고대 이집트인들은 첫아이, 특히 첫아들은 자신들 생명의 상징으로 대단히 소중하게 여겼다.

열 번째 재앙에 의지가 꺾인 파라오는 결국 노예들을 풀어주었다. 그러나 그는 여기에 끝나지 않고 곧 생각을 바꾸어 군대를 동원해 히브리인들을 홍해까지 추격했다가 결국 그들 자신도 모조리 바닷물에 빠져 죽는 화를 당한다.

그에게 내려진 재앙의 초기 단계에서 깨달았거나 아니면 아홉 번째 재앙에서만이라도 완악함을 풀고 이스라엘 백성들을 놓아 주었더라도 그들 자신의 생명과 장자까지는 잃지 않았을 것이다. 바로는 이스라엘 사람들을 풀어주었던 마음을 바꾸어 군대를 동원하여 홍해까지 추격했다가 모조리 수장을 당하고 말았음을 볼 때 우리 인간들의 완강함이 주 앞에서는 돌이킬 수 없는 멸망으로 이어진다는 것을 깨닫게 한다. 인간의 고집으로 어찌 하나님의 뜻을 이겨낼 수 있는지를 생각해야 한다.

창조주이신 하나님이 자기의 피조물들 앞에서 당신의 뜻을 굽히실 수는 없는 것이다. 그분은 만유의 절대자이시기 때문이다. 그러므로 우리 인간들은 하나님 앞에서는 완강할 수 없는 존재임을 깨닫는 것도 복이 되는 것이다.

나는 이러한 사실들을 알면서도 나만 알고 나만 피할 수 있으면 족하다고 오랫동안 침묵하고 있었다. 그러나 세월이 지나면서 내 마음속에 갈등이 생기고 갈등이 소명의식으로 변하면서 그동안 내가 경험하고 느끼고 본 이상을 그대로 기록함으로써 주위의 단 몇 사람만이라도 구원을 받게 하고 싶은 마음에, 하나님께서 나에게 행하셨던 연단의 과정을 가감 없이 그대로 여기에 기록하는 것이다.

만군의 여호와가 이같이 말하여 이르시기를

너희는 진실한 재판을 행하며 서로 인애와 긍휼을 베풀며

과부와 고아와 나그네와 궁핍한 자를 압제하지 말며

서로 해하려고 마음에 도모하지 말라 하였으나

그들이 듣기를 싫어하여 등을 돌리며 듣지 아니하려고 귀를 막으며

그 마음을 금강석 같게 하여 율법과 만군의 여호와가

그의 영으로 옛 선지자들을 통하여 전한 말을 듣지 아니하므로

큰 진노가 만군의 여호와께로부터 나왔도다

내가 불러도 그들이 듣지 아니한 것처럼 그들이 불러도

내가 듣지 아니하리라 만군의 여호와가 말하였느니라.

스가랴 7장 9~13절

인간의 완악함으로는 결코 하나님의 뜻을 거스를 수 없음을 다시 한 번 더 깨닫는다. 실이나 끈은 가위로 자를 수 있지만 금강석의 경우에는 그보다 더 강한 도구를 사용해야만 가능하다. 금강석보다 더 강한 도구를 사용하셔서라도 반드시 인간의 억센 재질을 꺾고야 마시듯이, 저항하여 완강하면 할수록 더 많이 맞고 더 어려운 연단의 과정을 겪어야만 구원받을 수 있게 된다.

나는 이러한 사실을 나만 깨닫고 나만 피할 수 있으면 족하

다고 오랫동안 생각하고 있었다. 하지만 많은 우여곡절을 거치고라도 이 글을 기록하게 된 것은 내게 대한 하나님의 긍휼이셨다.

"거룩하시고 은혜로우신 하나님 아버지!

이 보리떡 다섯 덩이와 물고기 두 마리 같은 글을 기록해서 하나님께 올려드리오니 이 글들 위에 축사하셔서 많은 열매를 맺게 하시고 하나님 은혜에 목말라 하는 수많은 사람의 영혼에 먹일 수 있도록 역사해 주시기를 간절히 바라나이다.

우리의 주 예수 그리스도의 이름으로 기도하나이다. 아멘!"

십자가 피의 성이여

우는 사자와 같은 사단의 이빨에서 살점을 뜯기며
뿌리치고 우뚝 선 십자가여
너는 모진 고통에서 태어난 거룩한 성 예루살렘이라
온 세상의 모든 죽을 자들의 소망이요 구원이 됨이라
그래서 이제는 슬픔과 고난이 우리의 것이 아니요
그의 것이니 그에게 부르짖으라, 부르짖으라!

참 아름답고 지극히 거룩하신 이여
당신은 영원한 율법의 엄격한 정죄에서 우리를 건지시며
두 손으로 덮으셨나이다.
심판의 마지막 날까지 그 손은 열리지 아니하시고
우리를 찾는 사탄에게서 지키시나이다.

그러나 아직 그가 기다리시나니
그 덮으시는 손 안에 들고자 하는 자 모두 서둘러 모여라
이제 곧 엄청난 재앙의 끝 날이 지나고
그분의 손이 열리리니 새 예루살렘 성 영생의 뜰에
양의 무리처럼 우리를 풀어 놓으시리라

기록을 마치며
주여! 내 잔이 넘치나이다

어찌 되었든 나는 이제 그분 앞에 있다.

나에게는 오직 한 분! 아니, 나만이 아니라 살아 있는 모든 것 위에 계시는 한 분!

온 세상 삼라만상 위에 절대 유일하신 한 분! 그분을 떠나서는 나도 없고 세상도 없다.

그분은 온 세상을 창조하시고 당신의 창조의 뜻과 질서대로 진행해 가시니 그분은 만유의 주인이시며 그 가운데 주재이시다.

우리 인간들은 그분이 창조하신 공간과 그 섭리 가운데 살면서 그 인생들의 3분의 2가 그를 모른다 하며 그분을 거부하며 살고 있다.

그분이 아니시면 나는 물론 우리 사는 세상도, 그 중에 있는 만물들도, 만물 위의 질서도 없으리니 이 세상이 어찌 그분 없이 존재할 수 있을까?

바로 이것을 깨닫는 데 수십 년이 걸렸다.

아니, 전 인생을 통해서 이제야 깨달았다.

이제 내 삶이 노경에 이르렀으니 나의 살아온 인생은 그분을 깨닫기 위해 있었다 해도 과언이 아니다.

나는 모든 이들에게 외치고 싶다.

이제부터라도 늦지 않았으니 우리 모두의 삶은 절대자이신 그분을 주인으로 모시고 순종하며 우리의 죄를 대신하여 자기의 몸을 제물로 천부의 뜻에 바치고, 우리의 죄 값을 대신 치러 주신 예수 그리스도를 내 삶의 주인으로 영접해서 그의 나라에 영생하기 위한 준비를 해야 한다.

이러한 준비 없이는 결코 누구도 영생하는 그 나라에 들어갈 수 없음을 온 천하에 전하고 또 전하는 말을 들을지어다. 너희가 어찌 이 말을 거부하고 지옥에 들고자 하느냐? 하는 성경의 경고를 경청하여 지금의 자리에서 천국의 길로 바꾸어 선택하기를 간절히 권고한다.

나는 그분의 은혜만을 누리고 너무나 쓸모없는 시간들을 헛되이 소비하고 지금에 이르렀으니 죄송하고 두려운 마음이다.

"이사야로 내게 오신 하나님!

나는 일반은총으로 빚진 자가 아니라 특별은총으로 빚진 자입니다.

말씀의 은사도 각별했고 이상도 특이하게 여러 번 보여 주셨습니다.

나를 강제로 독서실에 밀어 넣으시고, 호기심으로 성경 속을 헤매게도 하셨고, 내가 졸음운전을 할 때 주의 사자를 내 곁에 보내셔서 나를 졸지 아니하도록 지켜 주시기도 하셨습니다.

그분은 나를 찾아오셔서 모든 우상의 더러운 구덩이에서 포크레인으로 나를 퍼 올리셔서 구원하여 주시고, 나에게 약속하신 대로 곡식으로 풍성케 하여서 나로 기근에 임하지 않게 하셨으며, 나무의 실과와 밭의 소산으로 풍성하게 하여 나로 다시는 기근의 욕을 남들에게 받지 않게 하셨으니 그때에야 비로소 내가 나의 악한 일과 가증한 일들로 인하여 내 스스로가 나를 밉게 보고 깨닫고 한탄하게 하셨다.

나라는 인간이 어찌 이리도 어리석고 가증할 수 있을까!

이것을 깨닫고 죽어 마땅한 죄인을 당신의 희생으로 대속해 주신 예수님!

이제 더 드릴 말씀이 없습니다.

나를 뜻대로 주장하여 주소서!

영원히 영광과 찬양을 받으실 하나님 아버지께 감사하오며

십자가의 보혈로 우리의 죄를 속량하여 주신

예수 그리스도 이름 받들어 기도 드리나이다. 아멘!"

출간후기

주 하나님의 섭리를 깨닫고 영적으로 거듭나
주어진 본분과 소명을 실천하는 교인의 모습을 보며
행복과 긍정 에너지가 힘차게 샘솟으시기를 기원드립니다!

권선복
도서출판 행복에너지 대표이사
영상고등학교 운영위원장

하나님의 말씀이 담긴 성경에 "네 이웃을 네 자신과 같이 사랑하라."라는 구절이 있습니다. 스스로를 아끼고 보살피듯 자신의 주변에 있는 사람을 귀하게 여기고 사랑하라는 메시지임을 알 수 있습니다. 그렇다면 자신이 알고 있는 구원과 영적 깨달음의 방법을 혼자 간직할 것이 아니라 주변에게도 널리 알려야만 성경의 말씀을 실천할 수 있는 것입니다. 개인의 깨달음도 무척 이루기 어려운 일이고 나 아닌 다른 사람의 마음을 움직이는 일은 더더욱 어려운 일이지만 그것을 달성함으로써 이루는 행복감은 육신의 행복을 넘어서 영적인 충만함이라 하겠습니다.

책『소명』은 이원종 전 서울시장의 배우자이신 김행자 여사께서 지난 세월 연단의 과정을 겪으며 알게 된 하나님의 존재와 영적 체험, 믿음으로 이뤄진 일들을 회고하며 종교적 소명을 품고 작성한 글입니다.

저자는 개인적인 고난을 받으면서도 몰랐었던 하나님의 진노를 성수대교 붕괴 사건을 목도하며 깨닫기 시작합니다. 그리고 계속되는 인고의 시간 동안 하나님의 말씀을 통해 깨달음을 얻었습니다. 믿음과 구원의 기도로 살아 온 저자에게서 진리를 찾아 거친 광야를 헤매었던 순례자의 모습이 떠오릅니다.

책에는 수년간 저자가 성경을 탐독하면서 얻은 생각과 뇌리에 깊이 남은 말씀들, 그리고 생활 속에서 문득문득 얻게 된 깨달음들을 소상하게 적어두었습니다. 꿈속에서도 하나님의 계시가 있어 그에 따라 많은 힘을 얻었다는 저자는 최대한 상세히 표현한 삽화를 곁들여 독자에게 보여줌으로써 하나님이 열어둔 구원의 길이 그리 멀리 있지 않음을 알려주고 있습니다.

뉴스만 보아도 눈살이 찌푸려질 일들이 수없이 일어나고 있
는 세상에서 그 무엇보다 마음의 안식을 찾아줄 수 있는 것이
바로 종교입니다. 진정한 '힐링'이 꼭 필요한 바로 이 시대, 마
음과 정신에 힐링이 필요한 분들께서 한마디 말씀을 통해 평안
을 찾고 두려움을 떨쳐 일어서시기를 바라며 믿음을 지닌 모든
분들의 삶에 행복과 긍정의 에너지가 팡팡 샘솟으시기를 기원
드립니다.

청춘들을 사랑한 장군

임관빈 지음 | 값 14,000원

책 『청춘들을 사랑한 장군』은 공부하는 장교 '오피던트'로서 살아온 임관빈 저자가 본인의 40여 년 군 생활을 하며 쌓아온 경험을 함께 모아 만든 성공과 사랑의 조언서이다. 저자가 생각하는 인생에 꼭 필요한 10가지 조언을 집약하여 '당당한 삶의 주인'이 될 수 있는 방법과 젊은 시절에는 미처 알지 못할 수 있는 지혜와 용기를 얻을 수 있도록 부드럽고 따뜻한 메시지를 전한다.

우리는 기적이라 말하지 않는다

서두칠 · 최성율 지음 | 값 20,000원

책 『우리는 기적이라 말하지 않는다』는 1998년부터 시작된 '한국전기초자'의 경영 혁신 3년사(史)를 기록한 책으로, 당시 대우그룹에 소속되어 있던 서두칠 사장이 전문경영인으로 온 후 한국전기초자에 어떤 변화가 일어났는지 세세하게 담아내고 있다. 뿐만 아니라 증보판으로 다시 펴내면서, 한국전기초자에서 서두칠 사장과 함께했던 최성율 팀장의 '성공혁신 사례'도 싣고 있어 당시 어떤 식으로 혁신 운동이 전개되었는지 더욱 생생하게 알 수 있도록 하였다.

내 아이의 미래 일자리

안택호 지음 | 값 15,000원

책 『4차 산업혁명 시대의 부모가 알아야 할 내 아이의 미래 일자리』는 앞으로 4차 산업혁명 시대를 직접적으로 향유하게 될 우리 아이들을 위해, 부모가 어떻게 자녀를 교육해야 하며 어떻게 미래를 대비하게 할 것인지를 알려준다. 학문적으로 어렵게 접근하지 않아도 충분히 미래를 읽을 수 있으며, 그를 통해 아이들을 어떻게 교육해야 할지 알기 쉽게 설명해주어 독자들의 흥미를 자극한다. 자녀를 둔 부모들뿐만 아니라 미래 일자리에 대해 알고 싶은 학생들도 충분히 쉽게 읽을 수 있다.

트레이닝을 토닥토닥

김성운 지음 | 값 20,000원

책 『트레이닝을 토닥토닥』은 대한민국 최초 '피트니스 큐레이터'인 저자가 효율적인 트레이닝과 좋은 트레이너, 인정받는 트레이너에 대한 개념을 모아 엮은 '트레이너 기초서'이다. 나를 더 돋보이게 하는 시대에 운동은 사실상 필수 요소가 되었고 효율적이고 체계적인 방법으로 트레이닝을 돕는 트레이너는 각광받게 되었다. 책을 통해 누구에게나 인정받는 트레이너란 어떻게 완성되는지에 대해 저자의 생생한 경험담과 세부적인 지식들을 통해 살펴볼 수 있다.

학교를 가꾸는 사람들
김기찬 지음 | 값 15,000원

책 『학교를 가꾸는 사람들』은 30여 년의 교사 생활, 그리고 12년간 서령고등학교의 교장을 역임한 저자의 교육 기록이다. 저자는 교사로부터 시작해 학생을 위한, 학생에 의한 학교를 만들고, 학생과 교사뿐이 아닌 학부모와 졸업생, 지역 인사에 이르는 폭넓은 교육 협업으로 진정한 교육의 장을 일구어낸다. 그가 기록한 충남 서산에 위치한 전국 명문고, 서령고등학교의 역사는 대한민국 교육의 새로운 빛이 될 것이다.

인생 2막까지 멋지게 사는 기술 재미
박인옥 · 최미애 지음 | 값 15,000원

책 『인생 2막까지 멋지게 사는 기술 재미』는 요즘 같은 사회 속에서 잃어버린 웃음을 찾게 해 주는 유쾌한 책이다. 웃음과 유머를 통한 강의로 사람들에게 행복을 전하는 두 명의 저자가 만나 엮은 이 책은 평상시에도 잘 활용할 수 있는 여러 가지 유머 팁을 소개한다. 남들과 진정한 소통을 하고 마음의 문을 열기 위해서 '재미'와 '즐거움'이 꼭 필요하다고 강조하며, 바로 유머를 통해 그것이 가능하다고 보았다. 이 책은 우리의 삶에서 웃음이 가지는 의미를 다시 한번 더 되돌아보게 한다.

임진왜란과 거북선
민계식, 이원식, 이강복 지음 | 값 20,000원

책 『임진왜란과 거북선』은 조선 수군의 신형 전선 거북선을 집중 조명한다. 민계식 전 현대중공업 대표이사 회장과 이원식 원인고대선박연구소 소장, 이강복 알라딘기술(주) 대표이사가 머리를 맞대어 거북선의 실체를 밝히기 위해 역사적 자료들을 모아 현대적 연구를 통해 임진왜란 당시 활약했던 거북선의 실체를 정리해 본 것이다. 앞으로 원형에 가까운 거북선을 복원할 수 있는 이정표를 남기게 된 것에 큰 의의가 있다.

나의 행동이 곧 나의 운명이다
김현숙 지음 | 값 15,000원

책 『나의 행동이 곧 나의 운명이다』는 과거 여성의 권위가 제대로 인정받지 못하던 시절부터 수많은 역경을 극복한 ㈜경신 김현숙 회장의 이야기를 담고 있다. 망설이지 않고 행동으로 실천하며 도전정신을 잃지 않아 해낼 수 있었던 많은 일들을 소개하면서 '행동'의 중요성을 강조하고 있다. 하나의 기업을 경영해 온 경영자로서의 자세와 비전, 또 패러다임을 제시하며 다른 여성 CEO와 치열하게 살아가는 청년들에게 희망의 메시지를 전한다.

나는 코미디언이다

서인석 지음 ┃ 값 15,000원

'탄핵국면'에서 '장미대선'까지! 우리 사회에 큰 변혁이 일어났던 시기에 발표했던 풍자 칼럼을 모아 엮은 책 『나는 코미디언이다』는 30년 차 코미디언 서인석이 그동안 쌓은 유머의 내공을 아낌없이 풀어내 통쾌한 웃음을 선사한다. 권위주의 탈피 지향, 아래에서 위로 향하는 풍자의 향연, 언더독의 반란으로 보이는 그의 코미디는 사실 아래에서 더 아래를 바라보는 따뜻한 시선을 품고 있기에 오히려 여유로움과 따뜻함을 품고 있다. '코미디언' 서인석의 매력을 살펴보고 싶다면, 『나는 코미디언이다』가 힌트를 제공해 줄 것이다!

오색 마음 소통

이성동 지음 ┃ 값 15,000원

책 『오색 마음 소통』은 바로 그에 대한 해답을 알려준다. '소통은 말과 글로만 하는 것이 아니다. 마음으로 하는 것이다!'라는 책의 부제에서 알 수 있듯이, 우리가 그간 소통에 실패한 이유가 바로 '마음'이 아닌 말과 글로 소통을 하려 했기 때문이라고 말한다. 말과 글은 소통을 하는 수단으로써만 쓰여야 할 뿐, 주(主)가 되어야 하는 것은 바로 '마음'이라는 것이다. 이 책은 소통의 어려움에 부닥친 사람들을 위해 친절히 소통의 과정을 안내하고 있다.

굿모닝 소울메이트

이주희 지음 ┃ 값 15,000원

"첫사랑을 못 잊는 사람들에게 이 소설을 바친다!"
책 『굿모닝 소울메이트』는 저자가 80년대 초반 출간해 베스트셀러에 오른 캠퍼스 소설 F학점의 천재들①②에 이어 나온 제3편으로 전작의 재미와 반전을 완전하게 재현했다. 주인공 두 사람의 꿈과 현실, 사랑과 배반, 가정과 사회에서 발생하는 사건들을 저자의 남다른 시각과 필력으로 재미있고 에로틱하면서도 속도감 있게 그려내고 있어서 소설이 주는 본래의 묘미를 느끼게 한다. 등장인물들의 감정 변화와 그에 따른 행동들 또한 하나의 매력 포인트다.

아파트, 신뢰를 담다

유나연 지음 ┃ 값 15,000원

책 『아파트, 신뢰를 담다』는 '신뢰 경영'을 통해 한 아파트를 17년째 책임지고 있는 아파트관리사무소장의 가슴 따뜻한 이야기를 진솔하게 풀어내고 있다. 저자는 '진정성', '역량', '공감', '존중', '원칙'이라는 여섯 개의 키워드를 바탕으로 500세대 아파트를 믿음과 신뢰로 이끌어온 과정을 생생하게 그려낸다. 이 과정에서 '아파트'라는 하나의 공동체 문화를 만드는 데 있어 '신뢰'라는 키워드가 가장 중요하게 작용하였다고 말한다. 또한 저자는 "사람이 답이다"라는 진리를 새기고 모두가 함께 노력해야 함을 강조한다.

하루 5분 나를 바꾸는 긍정훈련

행복에너지

'긍정훈련' 당신의 삶을 행복으로 인도할
최고의, 최후의 '멘토'

'행복에너지 권선복 대표이사'가 전하는
행복과 긍정의 에너지, 그 삶의 이야기!

권선복

도서출판 행복에너지 대표
대통령직속 지역발전위원회
문화복지 전문위원
새마을문고 서울시 강서구 회장
한국정책학회 운영이사
영상고등학교 운영위원장
아주대학교 공공정책대학원 졸
충남 논산 출생

국민 한 사람, 한 사람이 모여 큰 뜻을 이루고 그 뜻에 걸맞은 지혜로운 대한민국이 되기 위한 긍정의 위력을 이 책에서 보았습니다. 이 책의 출간이 부디 사회 곳곳 '긍정하는 사람들'을 이끌고 나아가 국민 전체의 앞날에 길잡이가 되어주길 기원합니다.

＊＊ 이원종 前 대통령 비서실장/서울시장/충북도지사

'하루 5분 나를 바꾸는 긍정훈련'이라는 부제에서 알 수 있듯 이 책은 귀감이 되는 사례를 전파하여 개인에게만 머무르지 않는, 사회 전체의 시각에 입각한 '새로운 생활에의 초대'입니다. 독자 여러분께서는 긍정으로 무장되어 가는 자신을 발견할 수 있을 것입니다.

＊＊ 조영탁 휴넷 대표이사

권선복 지음 | 15,